世界の伝承あやとり

極北圏のあやとり

野口とも

極寒の中から生まれた文化遺産

世界のあやとりマップ

※国名は通称で記しています。

「世界の伝承あやとり」シリーズでは、これらの地域で採集されたあやとりを紹介します。

はじめに

最近では、日本の方々もオーロラや白夜を見に極北圏（きょくほくけん）に行かれる機会が増（ふ）えていますが、著者（ちょしゃ）はこれまでに極北圏を訪（おとず）れたことがありません。しかし、あやとりを通じて極北圏の雄大（ゆうだい）な風景や大自然の中に棲（す）む生き物たち、極寒の中に暮（く）らす人々の生活などを想像（そうぞう）しながら楽しんでいます。

野口とも

もくじ

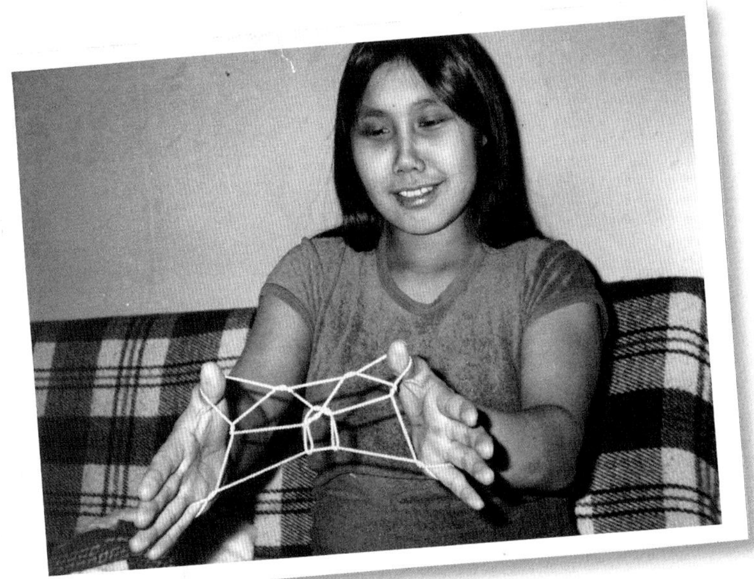

「かもめ」をとるグリーンランドの女性

あやとりをとるイヌイットを描いた絵皿（p.116参照）

第1章

極北圏のあやとり

本書では、ロシアの東の端からアラスカ、カナダ極北部、グリーンランドまで、北極海に面した地域を極北圏と呼んでいます。主に身近な生き物を表したあやとりが多く、風景を表したものも多少ありますが、いずれも芸術作品といえるような高度なあやとりで、その多くに歌や物語がついていました。極北圏のあやとりは今から約100年前にG. B. ゴードン博士やD. ジェネス博士など文化人類学者たちを中心に採集されました。

※第1章に写真を掲載したあやとりの中で、とり方を紹介するものには第2章の掲載頁を記しています。

風景を表すあやとり

極北圏は天候が不安定な日が多いため、太陽や星など天体や星座にまつわるあやとりはごくまれです。そのかわりに、山や川、海など極北圏の大自然をまるでそのまま写真に撮ったかのように雄大に表す風景のあやとりが多くあります。

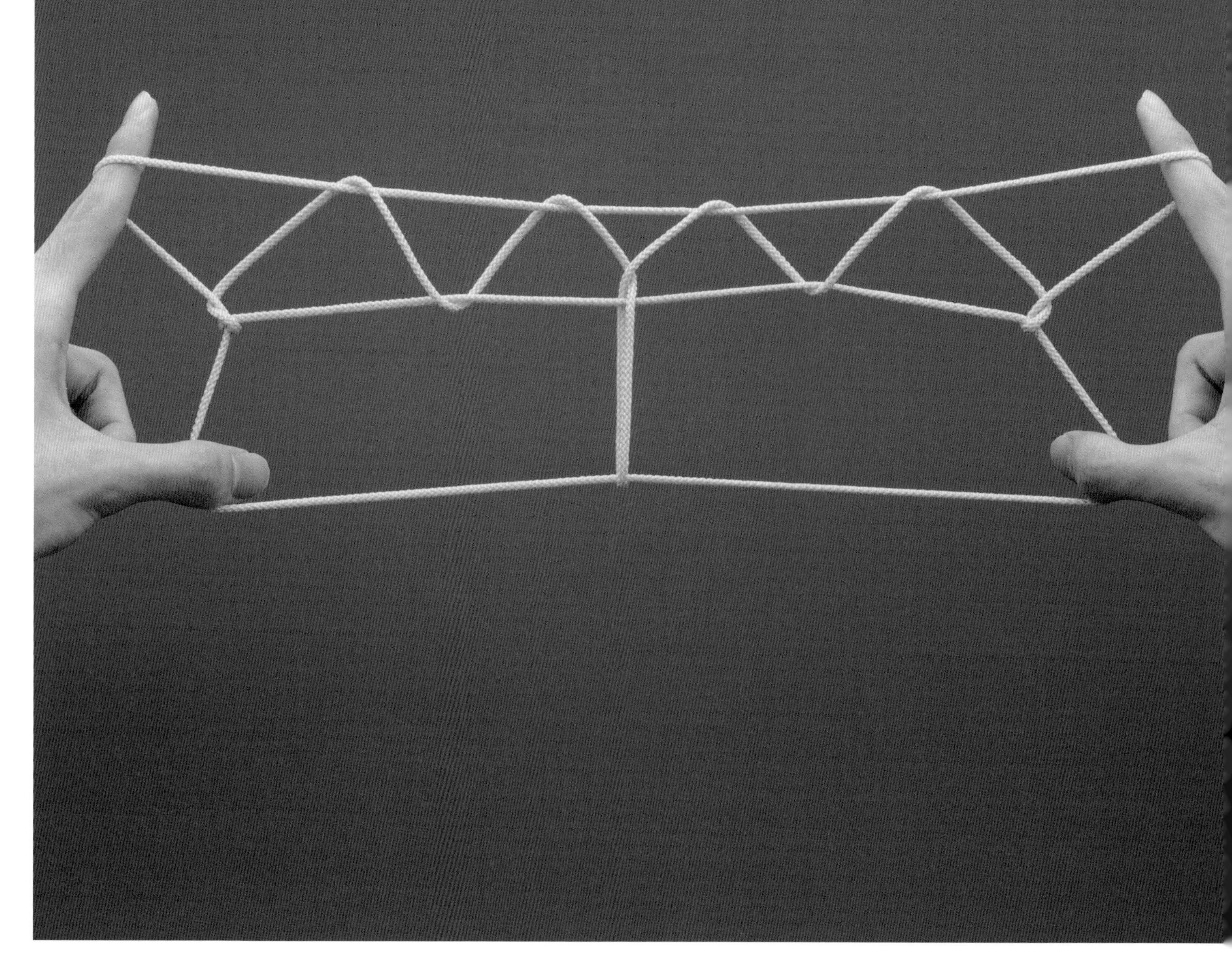

虹 Rainbow

カナダ北東部のラブラドル半島で採集(さいしゅう)されました。カナダ北中部やグリーンランド西海岸沿(ぞ)いの島では「物干(ものほ)しの洗濯物(せんたくもの)」、カナダ極北圏の一部では「支柱(しちゅう)のついたオイルランプ」などと呼(よ)ばれています。

出典＝Guy Mary Rousselière, *Les Jeux de Ficelle des Arviligjuarmiut,* 1969

山間の月
The Moon Between the Mountains

アラスカの最北端、北緯71度にほど近い極寒の地バロー岬では「山間の月」と呼ばれていますが、アラスカ西部やカナダ、マッケンジー川流域では「山間の日の出」と呼ばれています。

出典＝Diamond Jenness, *Eskimo String Figures,* 1924

［とり方▶p.107］

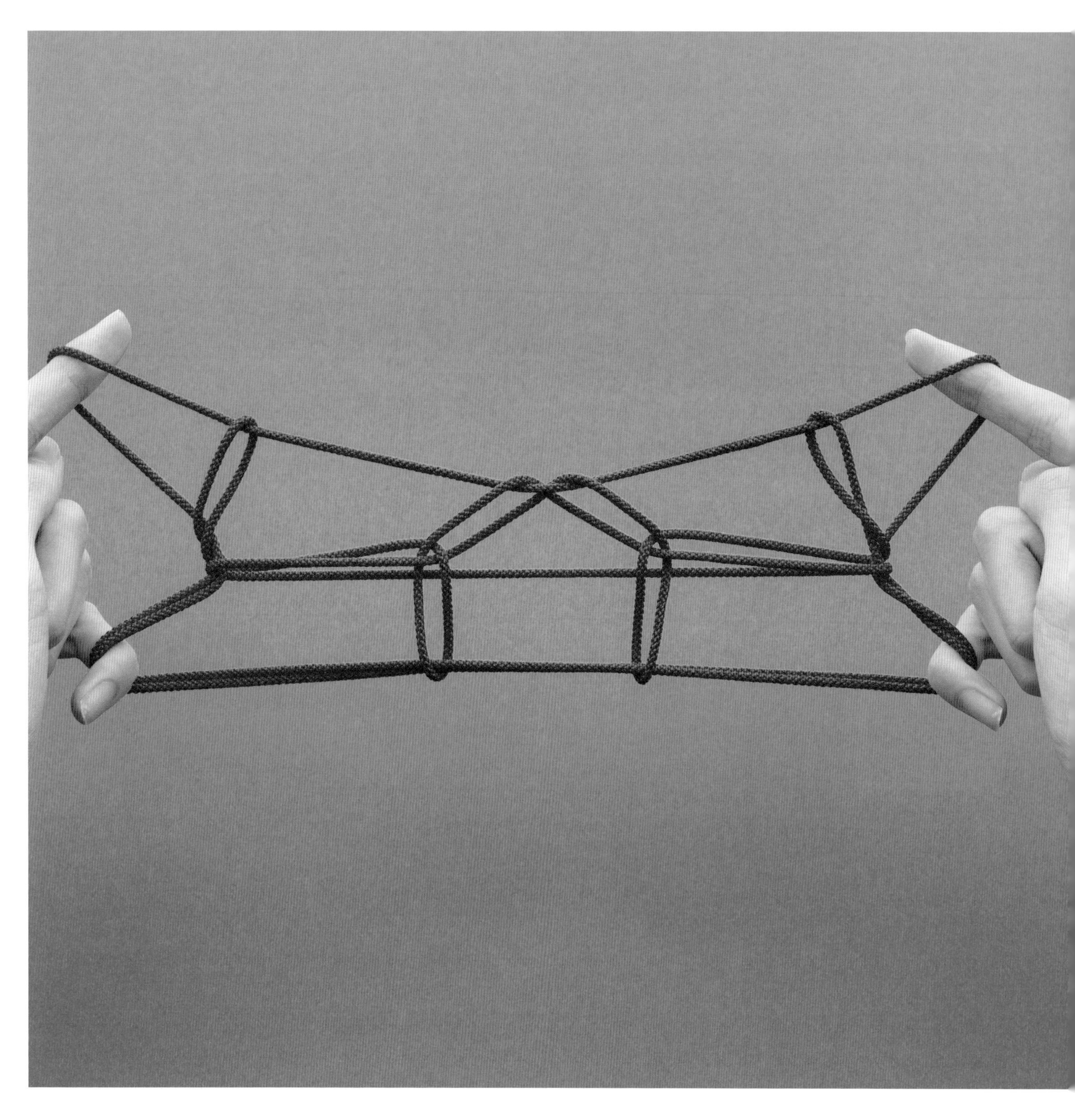

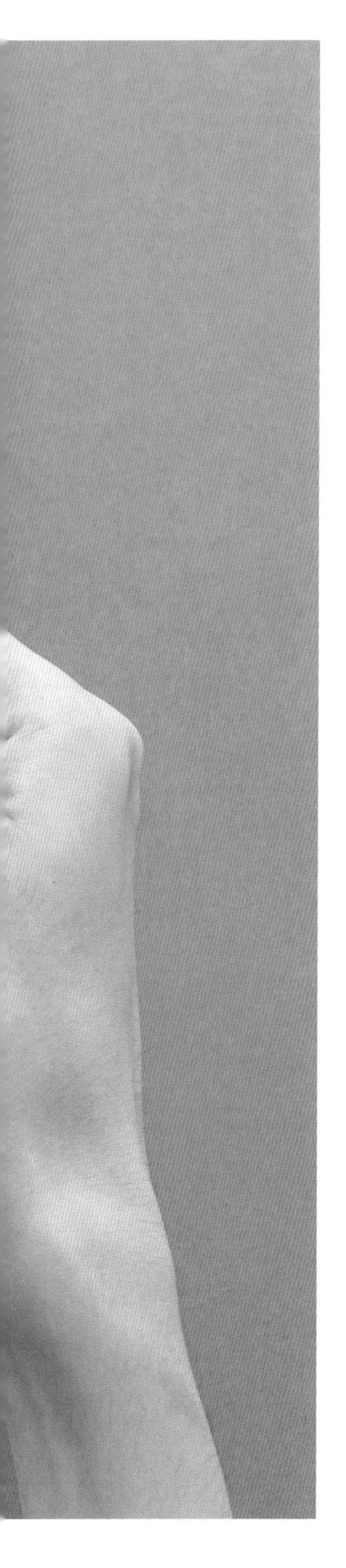

アザラシ猟師
A Sealer

物語がついたアラスカ地方のあやとりです。途中で猟師が手袋をなくして遭難する場面があり、アザラシ猟にともなう危険を子どもたちに教訓として伝えています。

出典＝Diamond Jenness, *Eskimo String Figures,* 1924

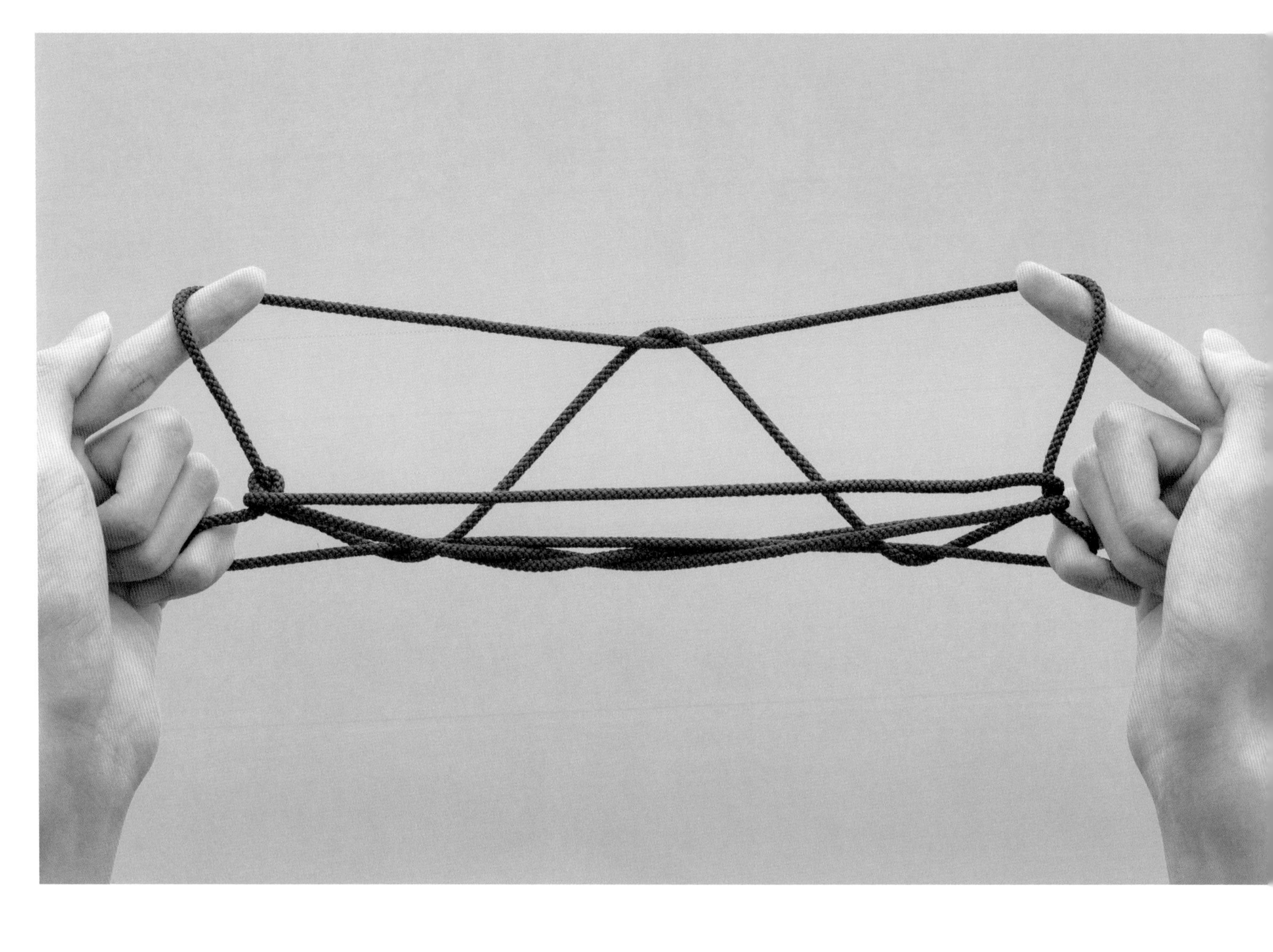

鮭の川
The Salmon River

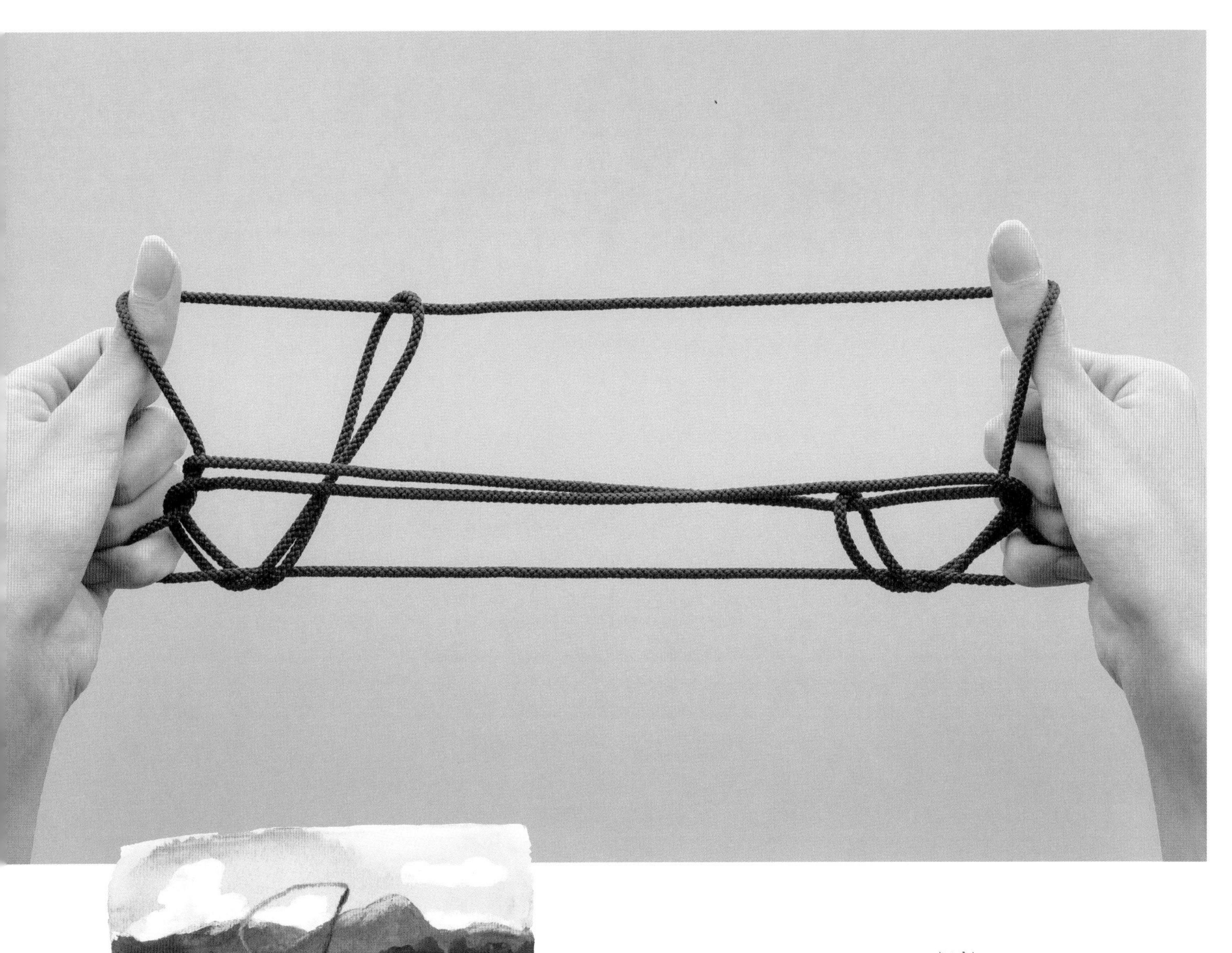

アラスカ地方のあやとりで、「アザラシ猟師」(p. 10)と同じようにお話がついています。最初に後方に山がそびえる川が現れ、次に小舟に乗った釣り人に変わり、最後に右手の小指を外すと大きな鮭が現れます。

出典＝Kathleen Haddon, *Artists in String*, 1930

カヤックをこぐ人
The Kayaker

ロシアのチュコト半島のあやとりです。「カヤックをこぐ人」から「山並み」(p. 16)へと続くあやとりで、お話がついています(p. 72参照)。人さし指を動かすと小舟に乗っている人がカヤックを操ります。

出典＝G. B. Gordon, *Notes in the Western Eskimo,* 1906

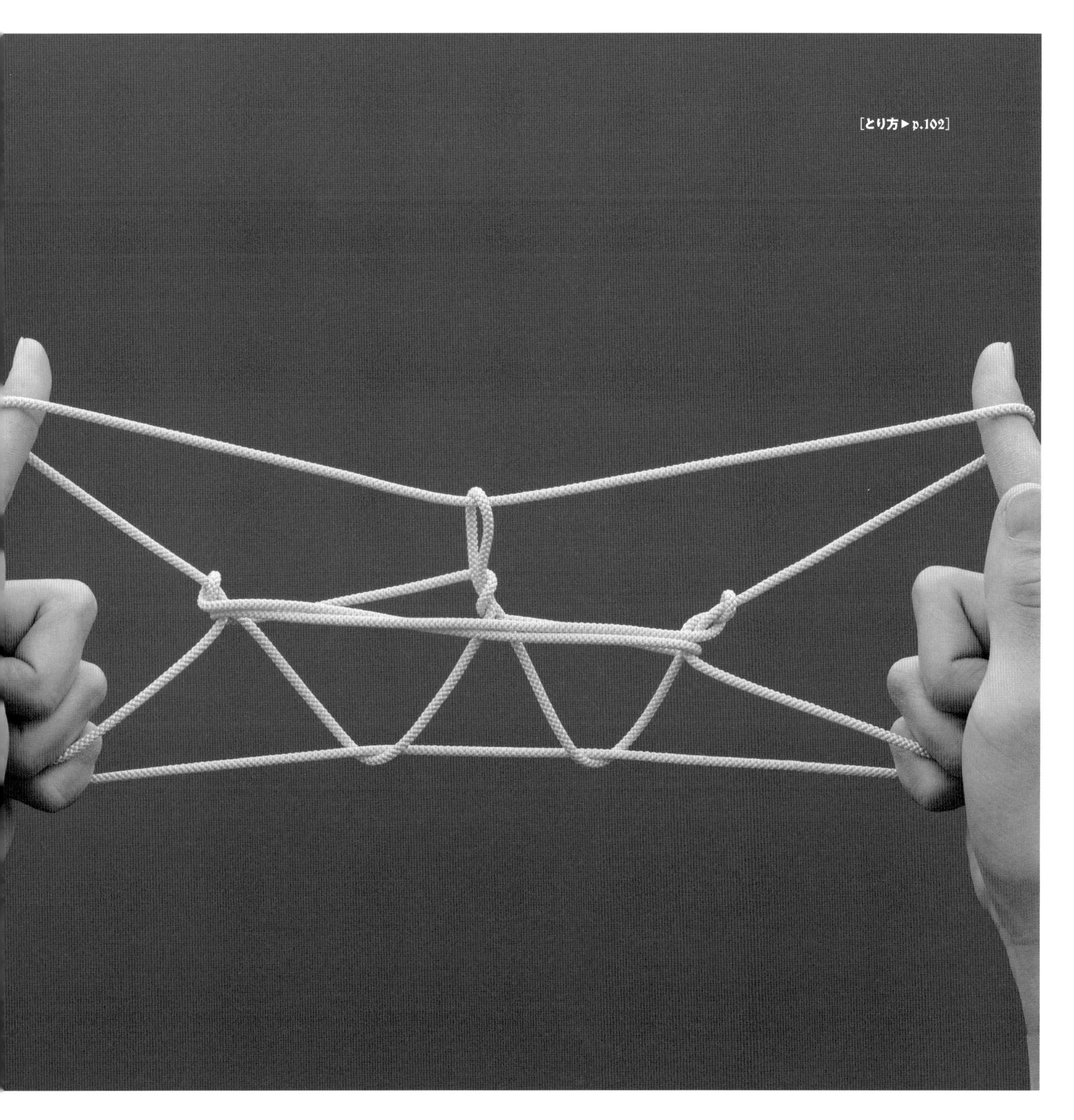

[とり方▶p.102]

［とり方▶p.107］

「カヤックをこぐ人」(p. 14) から続けてとり、最後に５つの山が現れます。この形がきれいにできると「空は晴れ」、そうでないと「曇り」という占いのように楽しまれたあやとりです。

出典＝G. B. Gordon, *Notes in the Western Eskimo,* 1906

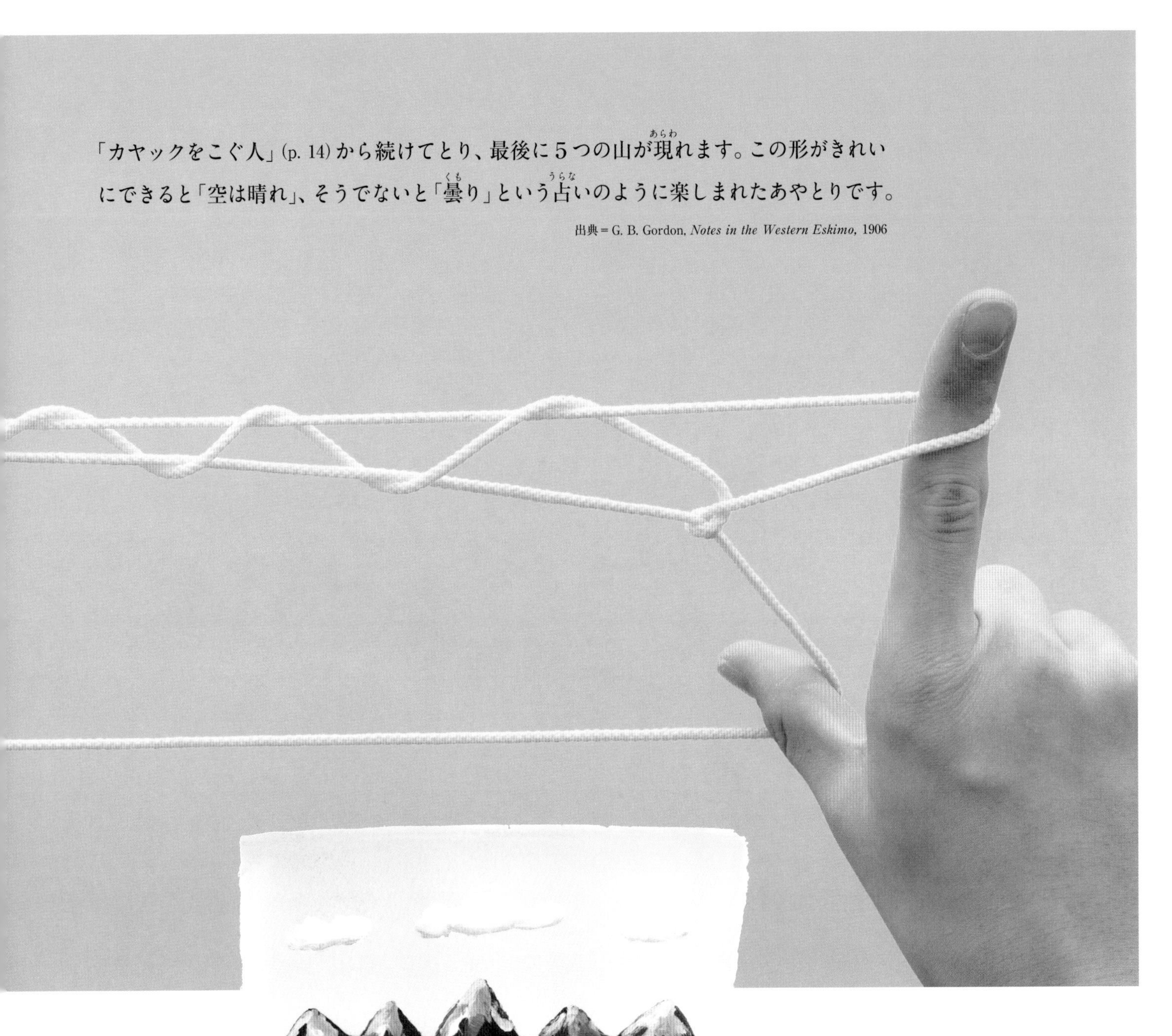

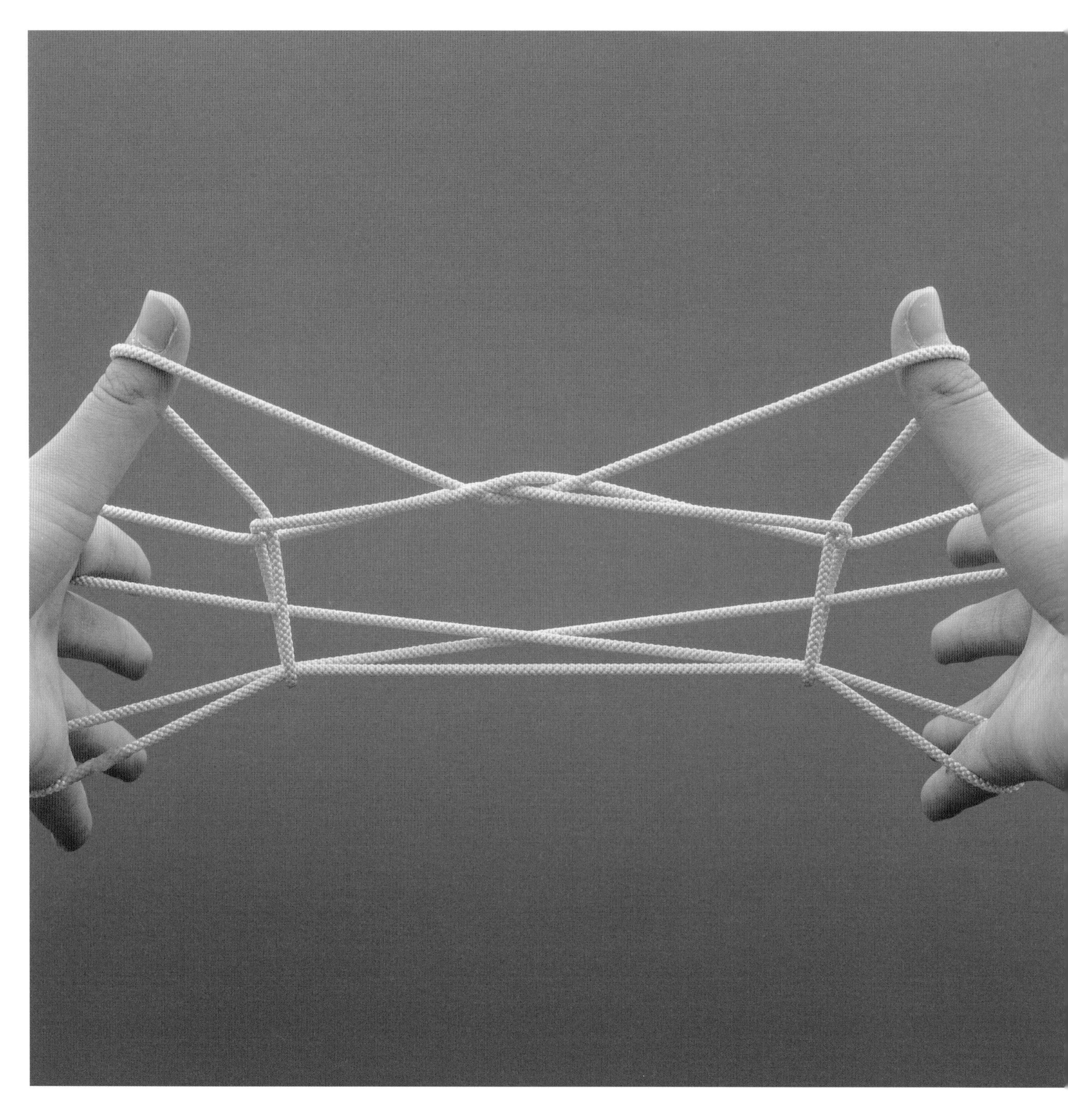

[とり方▶p.80]

シベリアの家 Siberian House

ロシアのチュコト半島のあやとりです。最初に家が現(あらわ)れ(写真左)、その後にひもを外すと、家が壊(こわ)れて中から子どもがふたり逃(に)げ出していく(写真右)、というお話がついています。

出典＝G. B. Gordon, *Notes on the Western Eskimo,* 1906

シベリアの家2階建て
The Tangarot People

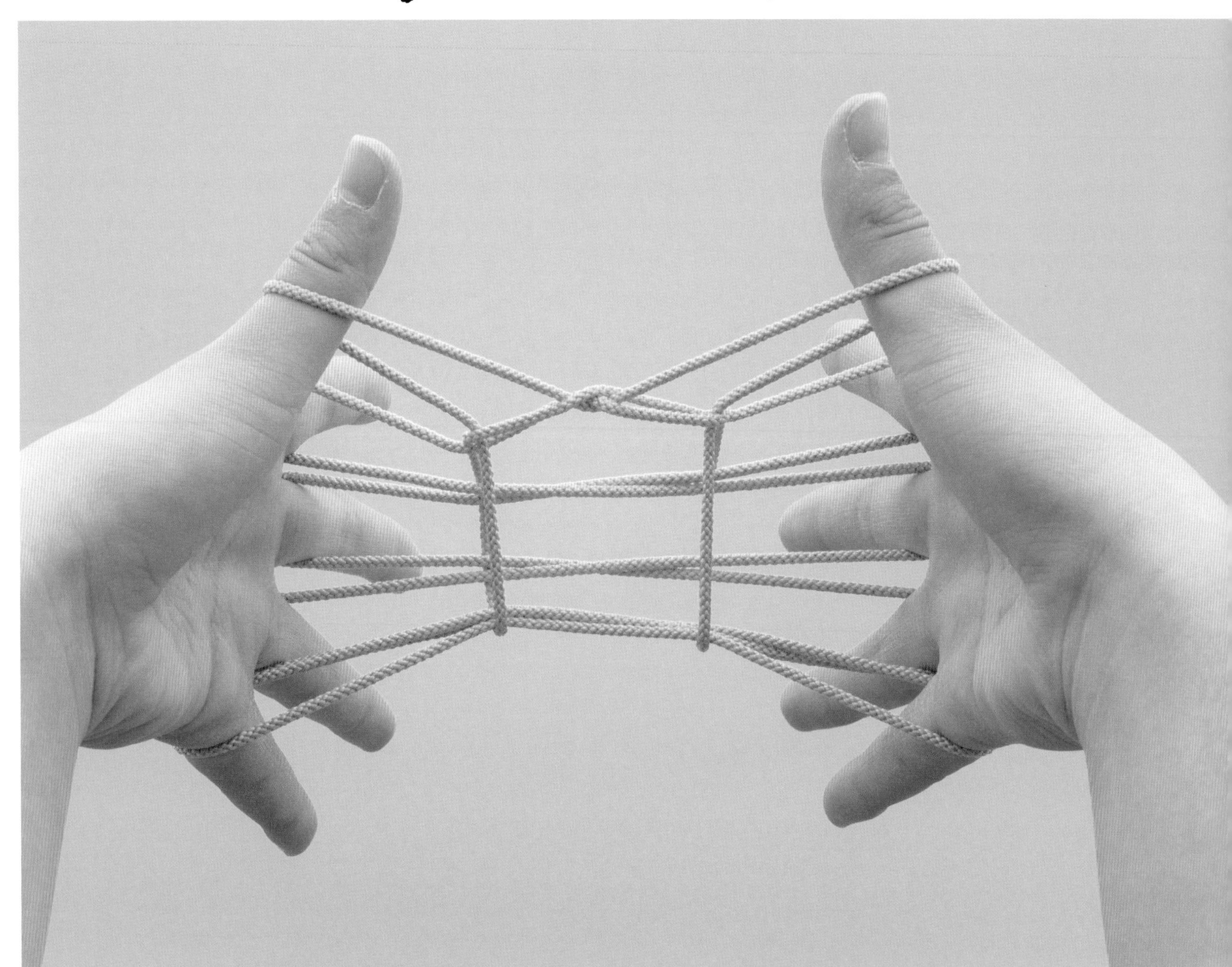

「シベリアの家」(p. 18)の変形です。「2階建て」から人さし指を外すと家が壊れます。中指を外すと家が直って1階建てになり、薬指を外すとまた家が壊れてふたりの子どもが逃げ出していきます。

出典 = Diamond Jenness, *Eskimo String Figures,* 1924

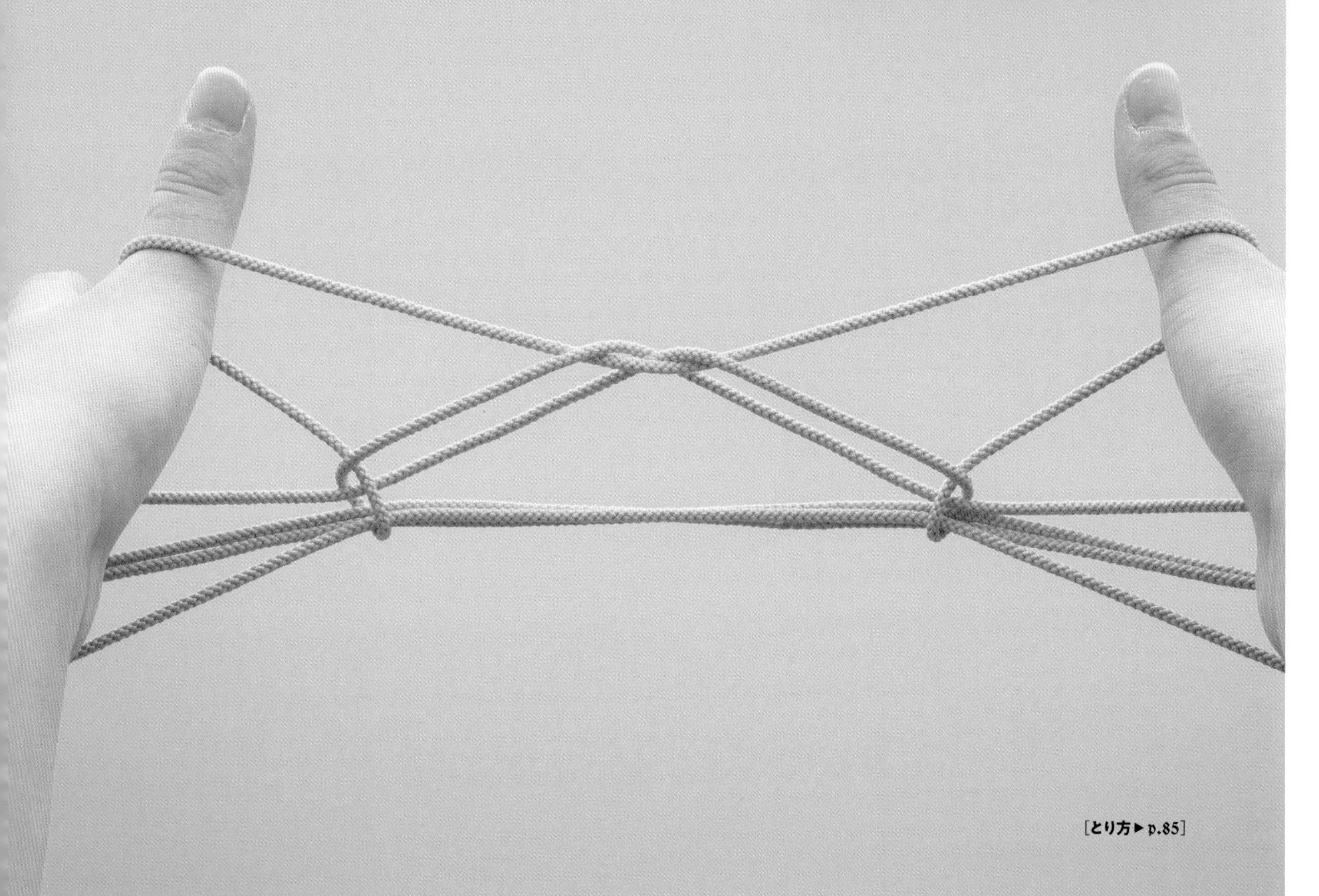

[**とり方▶p.85**]

ダンスハウスで踊る人々
Eskimos in a Dancehouse

カナダ北西準州ペリーベイ村のあやとりです。ダンスハウスの中で人々が踊っている様子を表しています。最後に指を外すと、ダンスハウスの中からペアで人々が出ていきます。

出典＝Guy Mary Rousselière, *Les Jeux de Ficelle des Arviligjuarmiut,* 1969

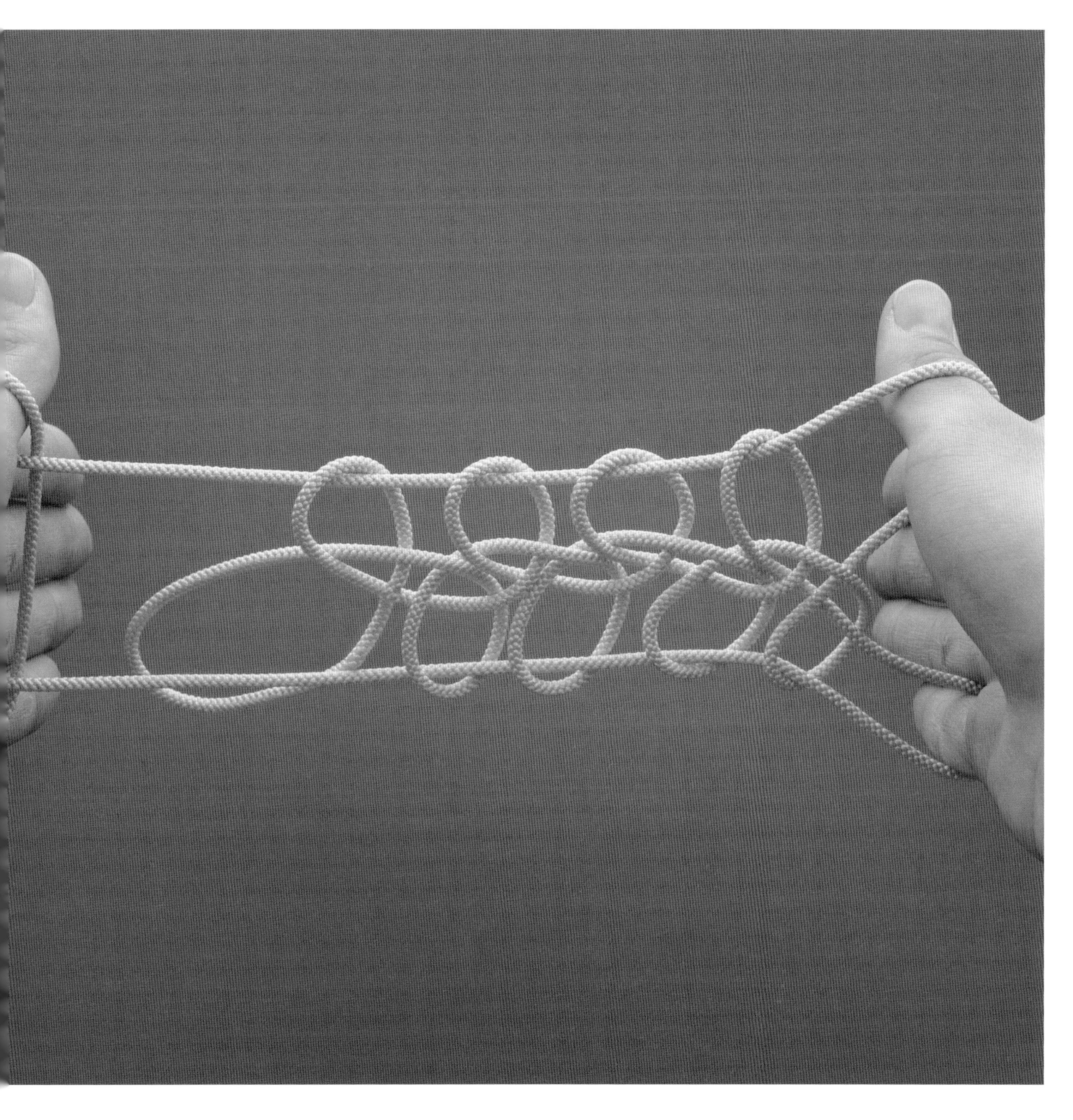

人体を表すあやとり

極北圏の厳しい冬、人々は家の中で身近なものをあやとりの題材にし、楽しんでいました。自分たちの身体までもあやとりのテーマにしており、ここで紹介する以外にも、「手」や「足」を表したあやとりがあります。

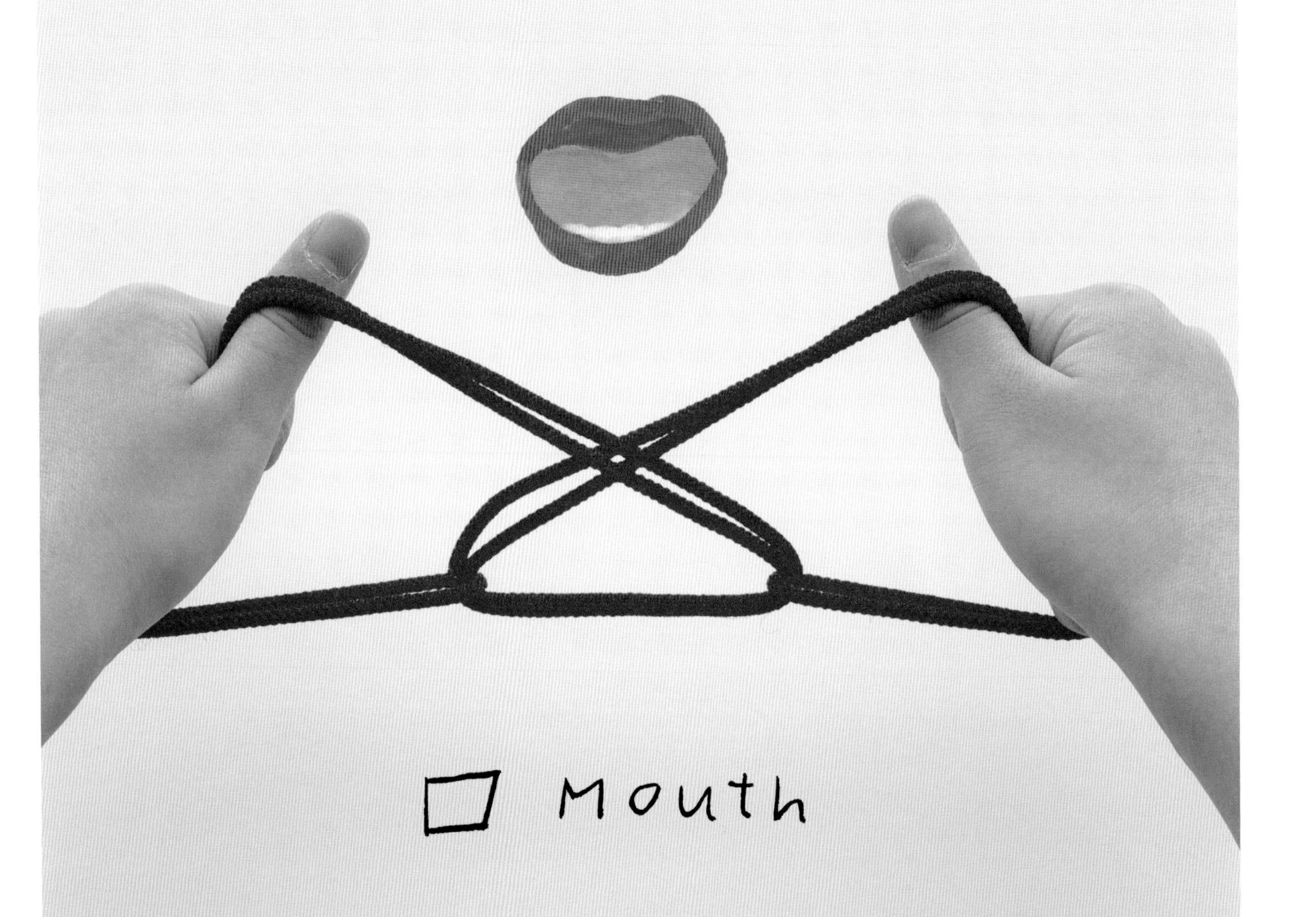

[**とり方▶p.91**]

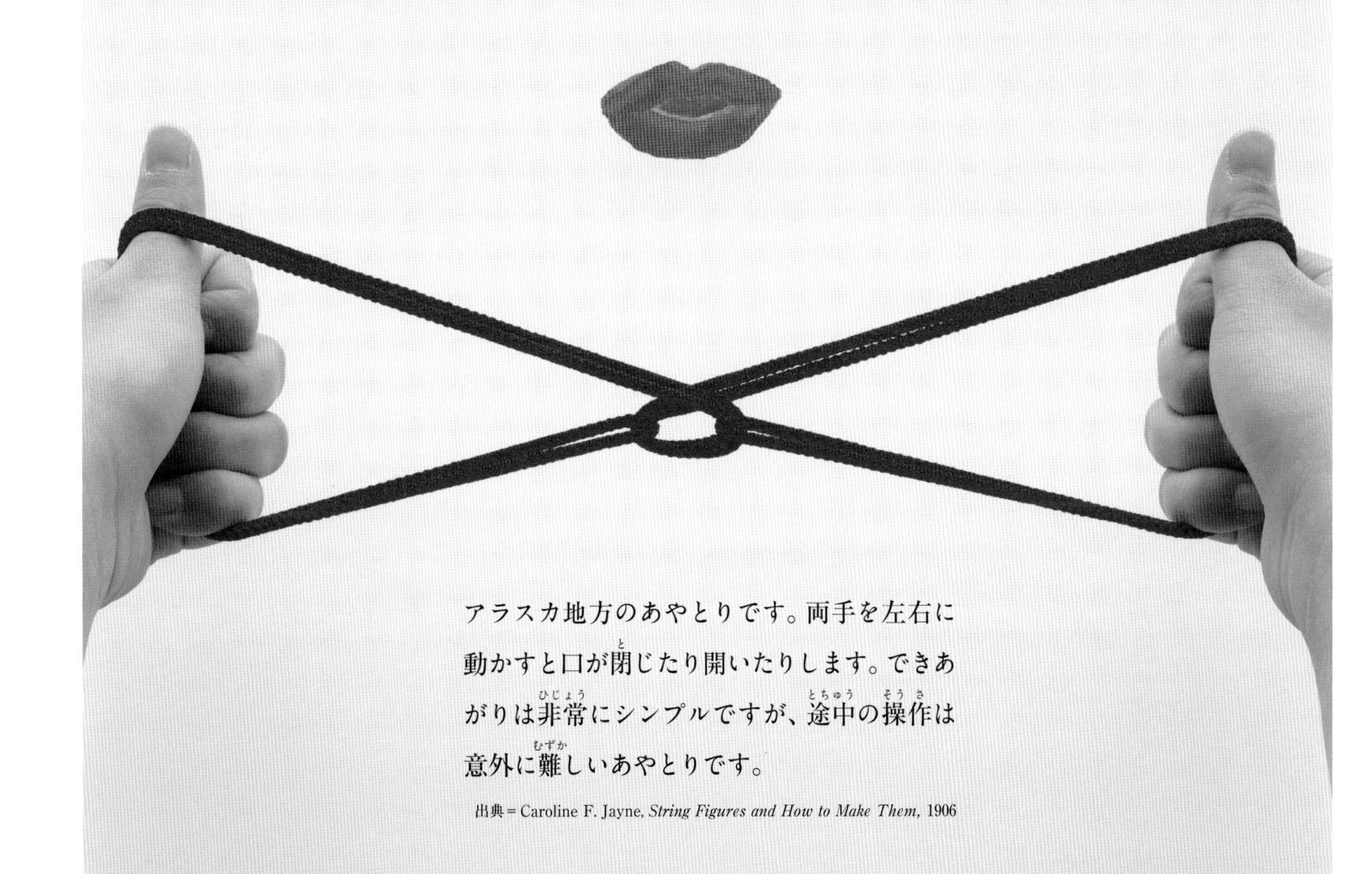

アラスカ地方のあやとりです。両手を左右に動かすと口が閉じたり開いたりします。できあがりは非常にシンプルですが、途中の操作は意外に難しいあやとりです。

出典＝Caroline F. Jayne, *String Figures and How to Make Them*, 1906

目と口
Eyes and Mouth

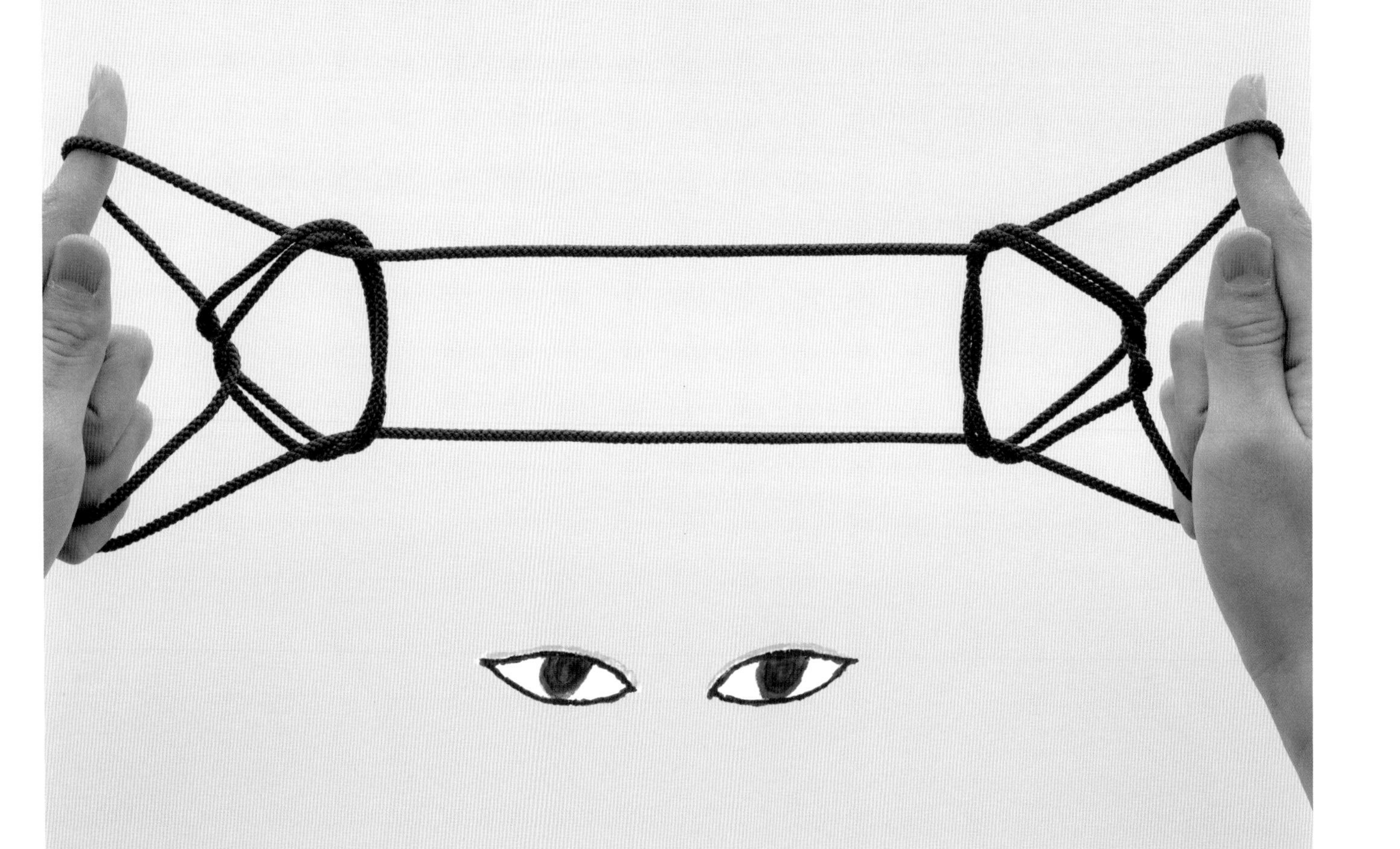

アラスカ地方のあやとりです。最初に「目」を作り、続けて「口」を作ります。目から口に続くとり方に少しテクニックの必要なあやとりです。

出典＝Kathleen Haddon, *Artists in String,* 1930

胸骨と肋骨
The Breastbone and Ribs

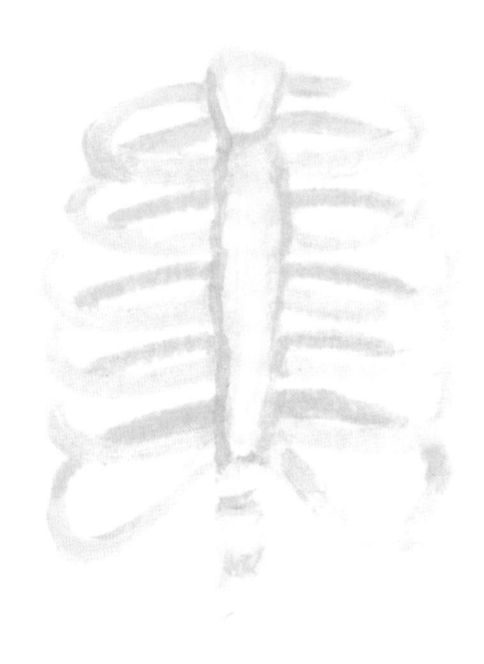

アラスカ地方のあやとりです。横のひもが肋骨(ろっこつ)、縦(たて)のひもが胸骨(きょうこつ)を表しています。親指で挟(はさ)んだひもが背骨(せぼね)を表しているところなど、細かい描写(びょうしゃ)が特徴的(とくちょうてき)です。

出典＝Diamond Jenness, *Eskimo String Figures*, 1924

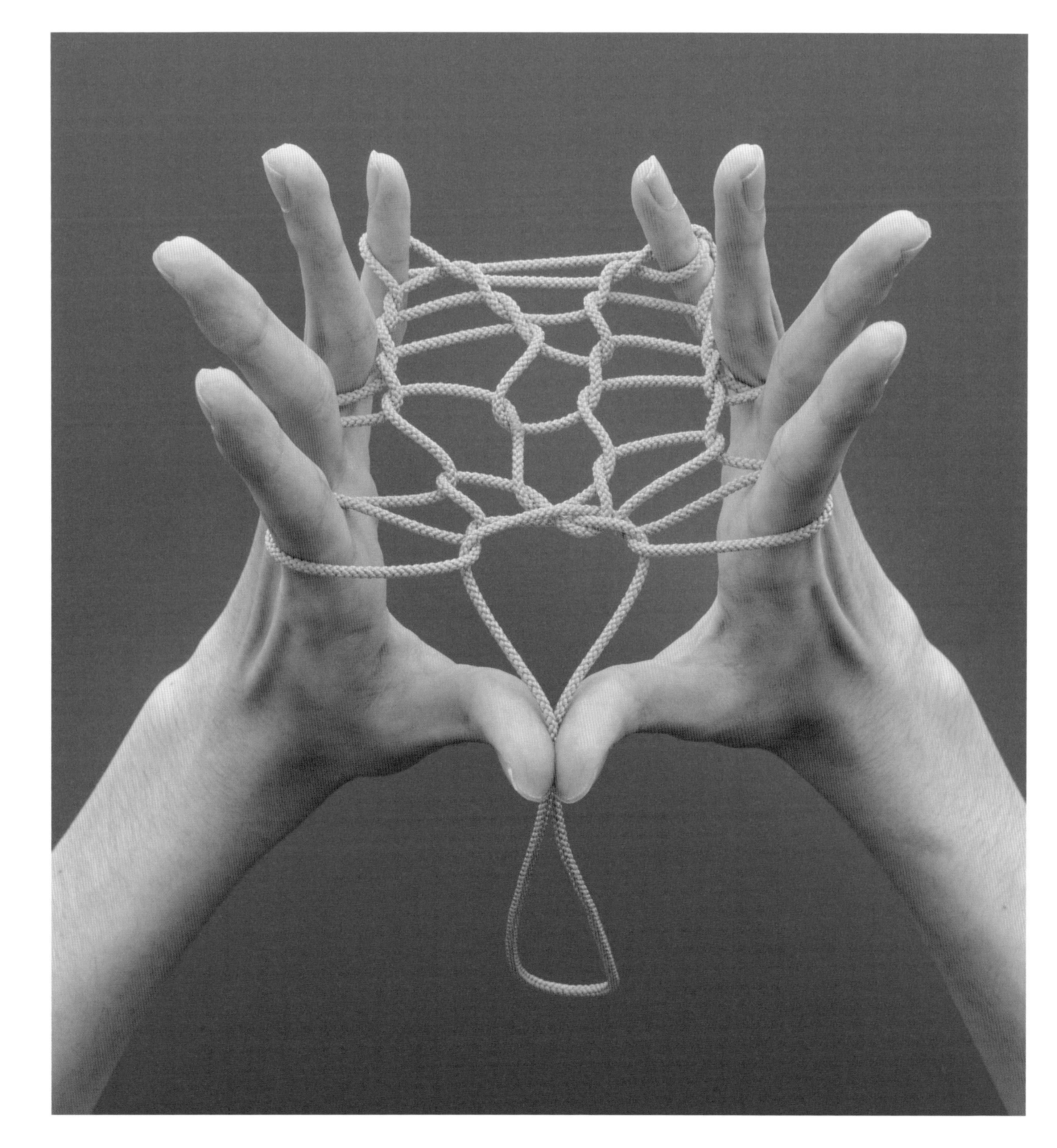

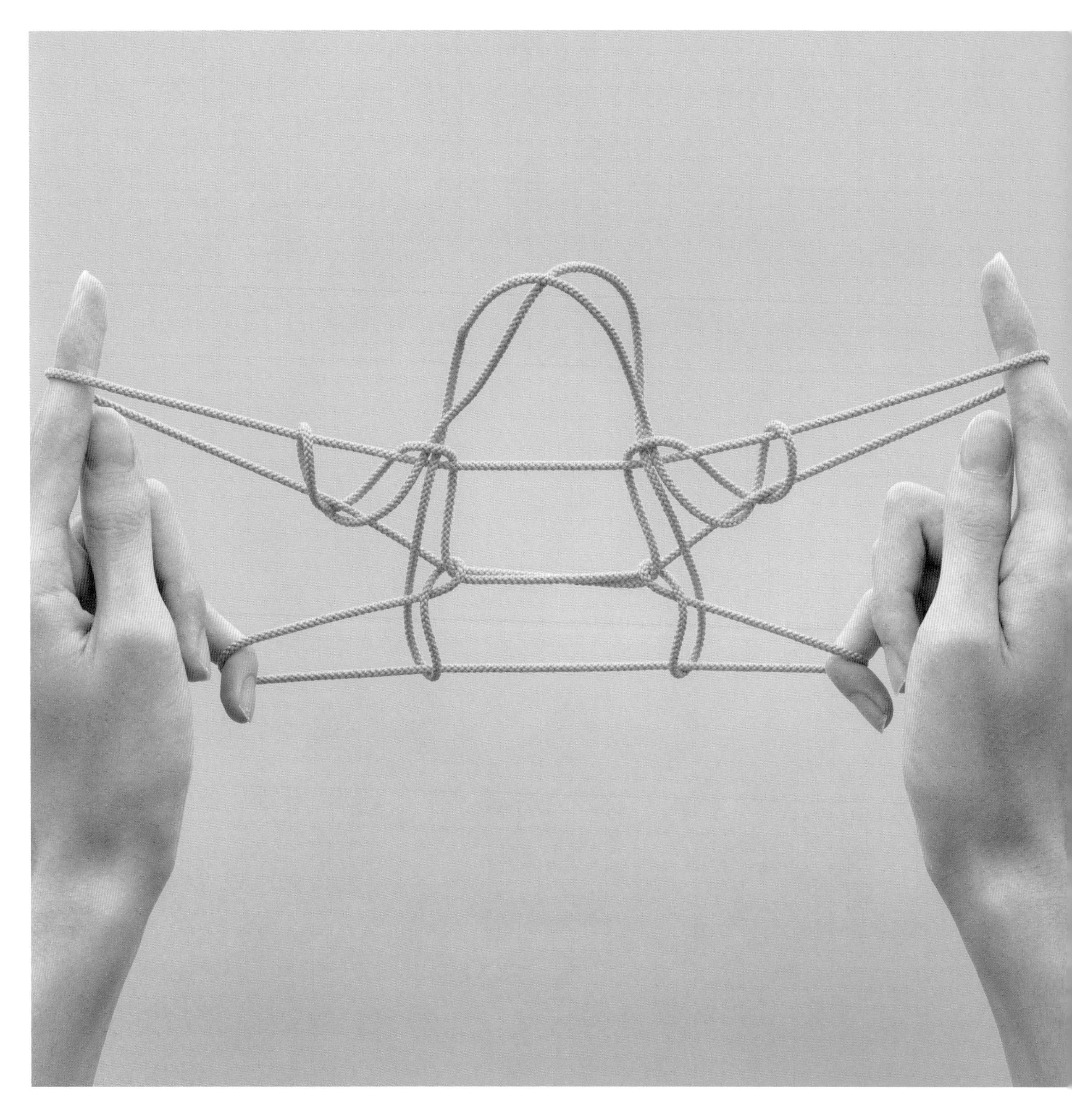

上腕をピクピクする男
A Man Flexing His Biceps

カナダ北西準州ペリーベイ村のあやとりです。力自慢の男でしょうか、みんなの前で上腕の筋肉を見せびらかしているユーモラスなあやとりです。

出典＝Guy Mary Rousselière, *Les Jeux de Ficelle des Arviligjuarmiut,* 1969

物を表すあやとり

極寒の地の必需品である「雪かきシャベル」(p. 34)や防寒具などの他、冷凍肉用の「ナイフ」や、「石皿ランプ」「アザラシの皮で作った袋」などのあやとりも採集されています。

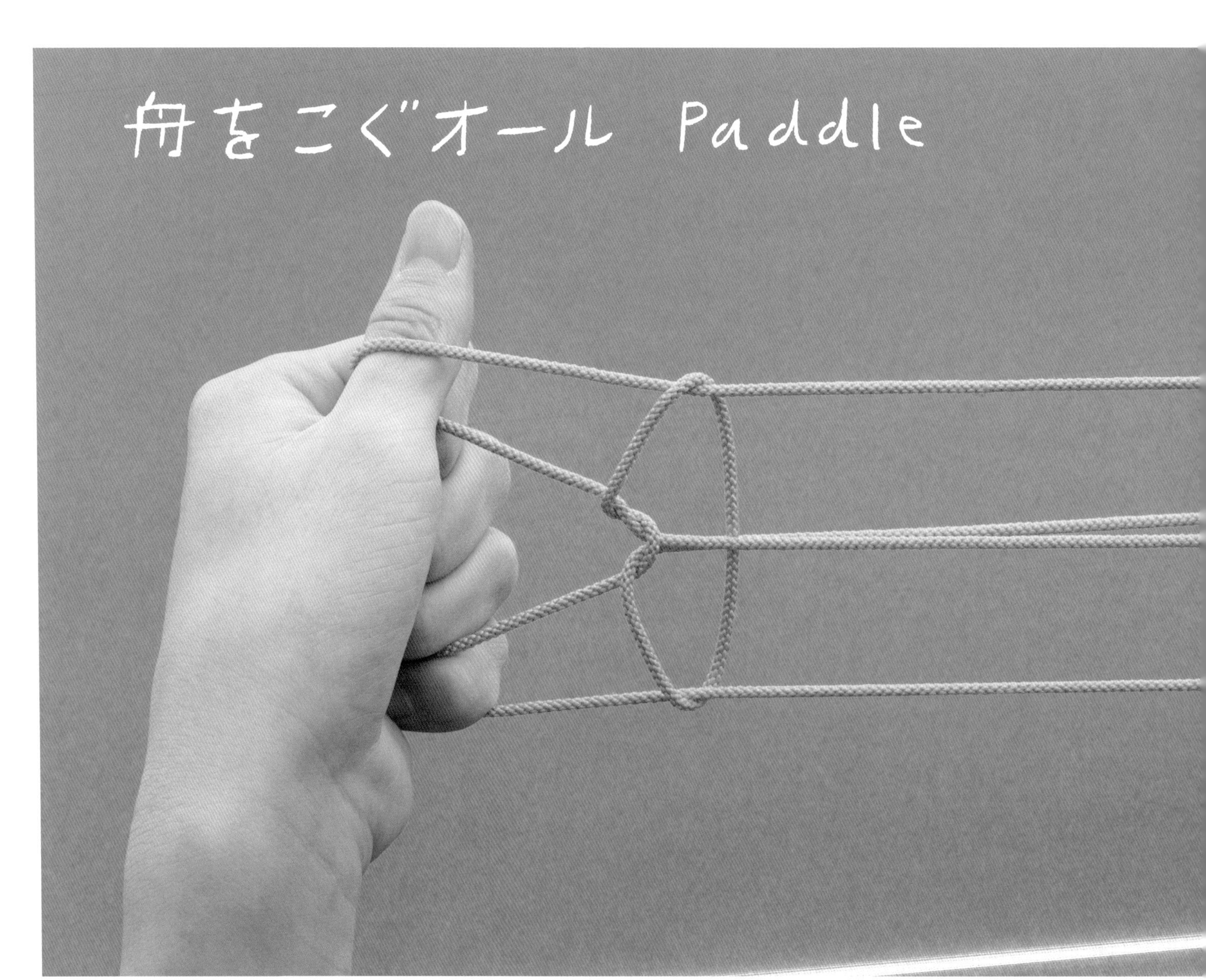

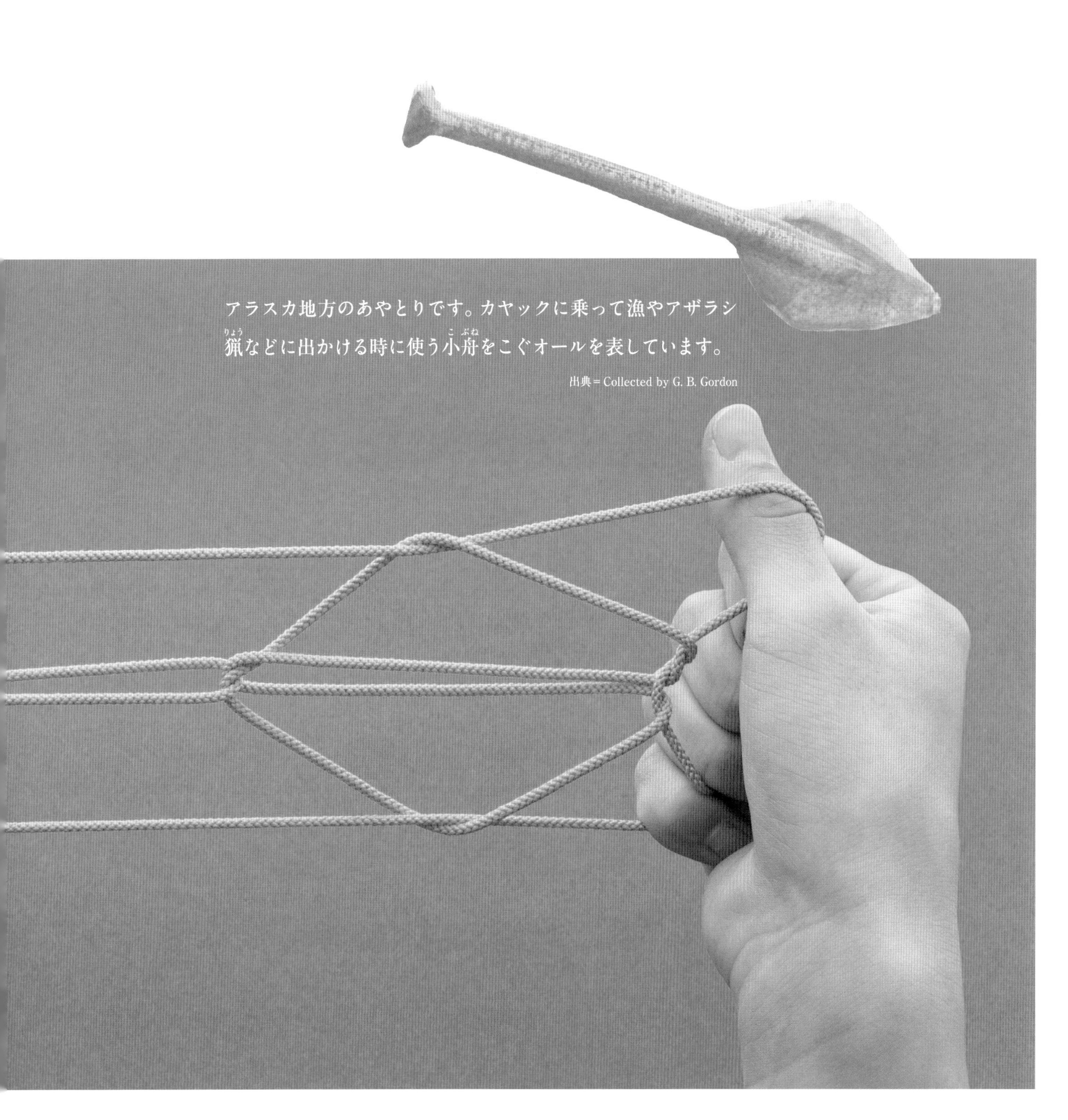

アラスカ地方のあやとりです。カヤックに乗って漁やアザラシ猟などに出かける時に使う小舟をこぐオールを表しています。

出典＝Collected by G. B. Gordon

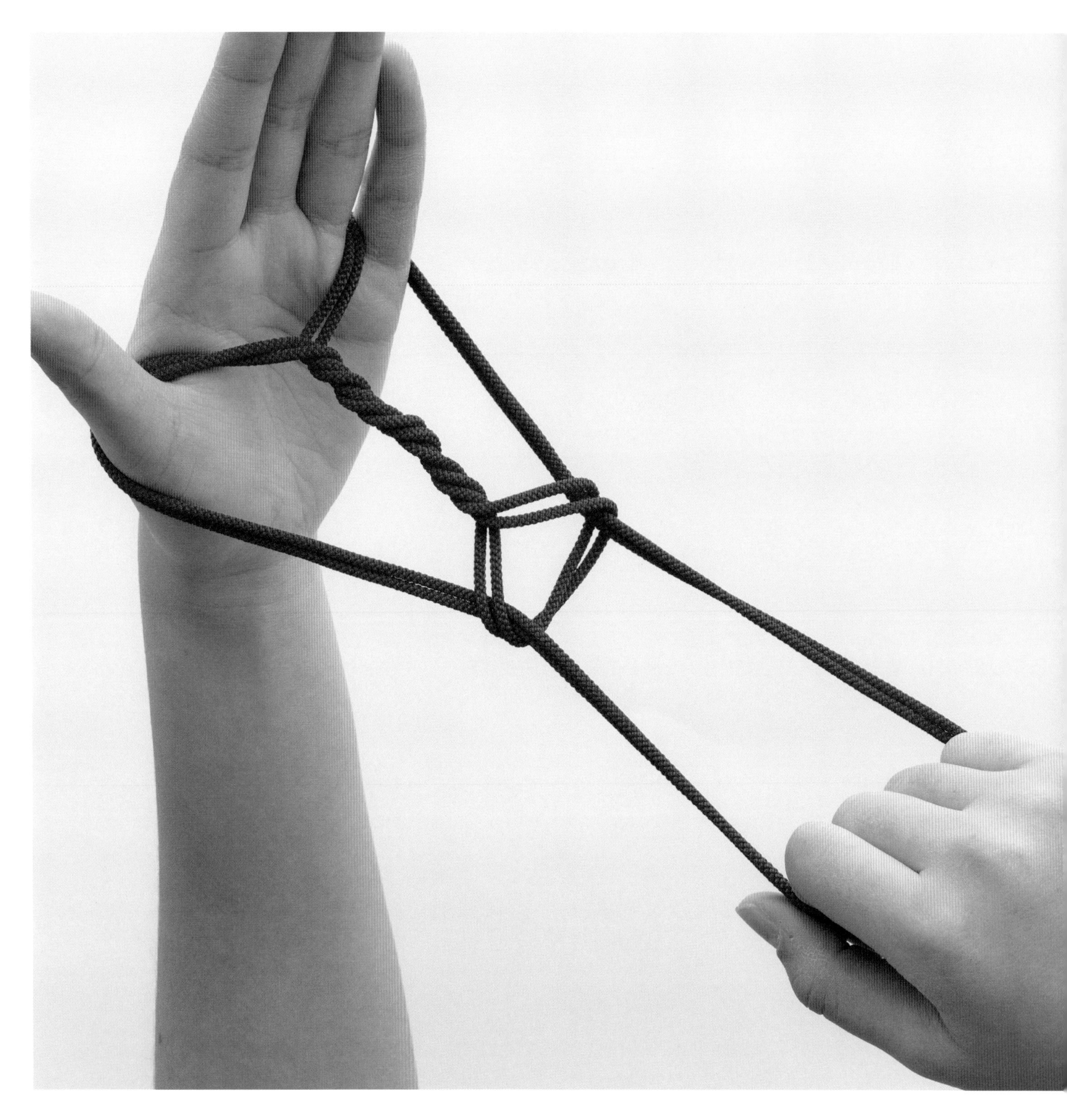

[とり方▶p.78]

雪かきシャベル
A Snow Shovel

カナダのイヌイット保護準州（ほごじゅんしゅう）ヌナブトに住むコッパーイヌイットの人々のあやとりです。バロー岬（みさき）では同じ形のあやとりが「放たれた槍（やり）」と呼（よ）ばれています。

出典 = Diamond Jenness, *Eskimo String Figures*, 1924

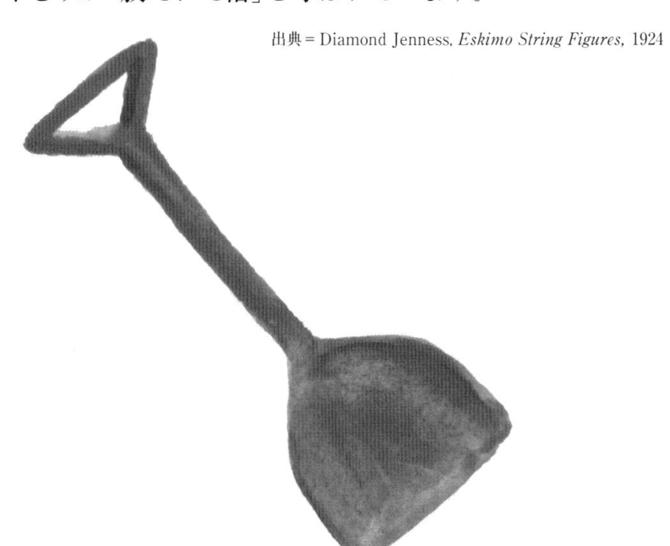

ズボン
Trousers

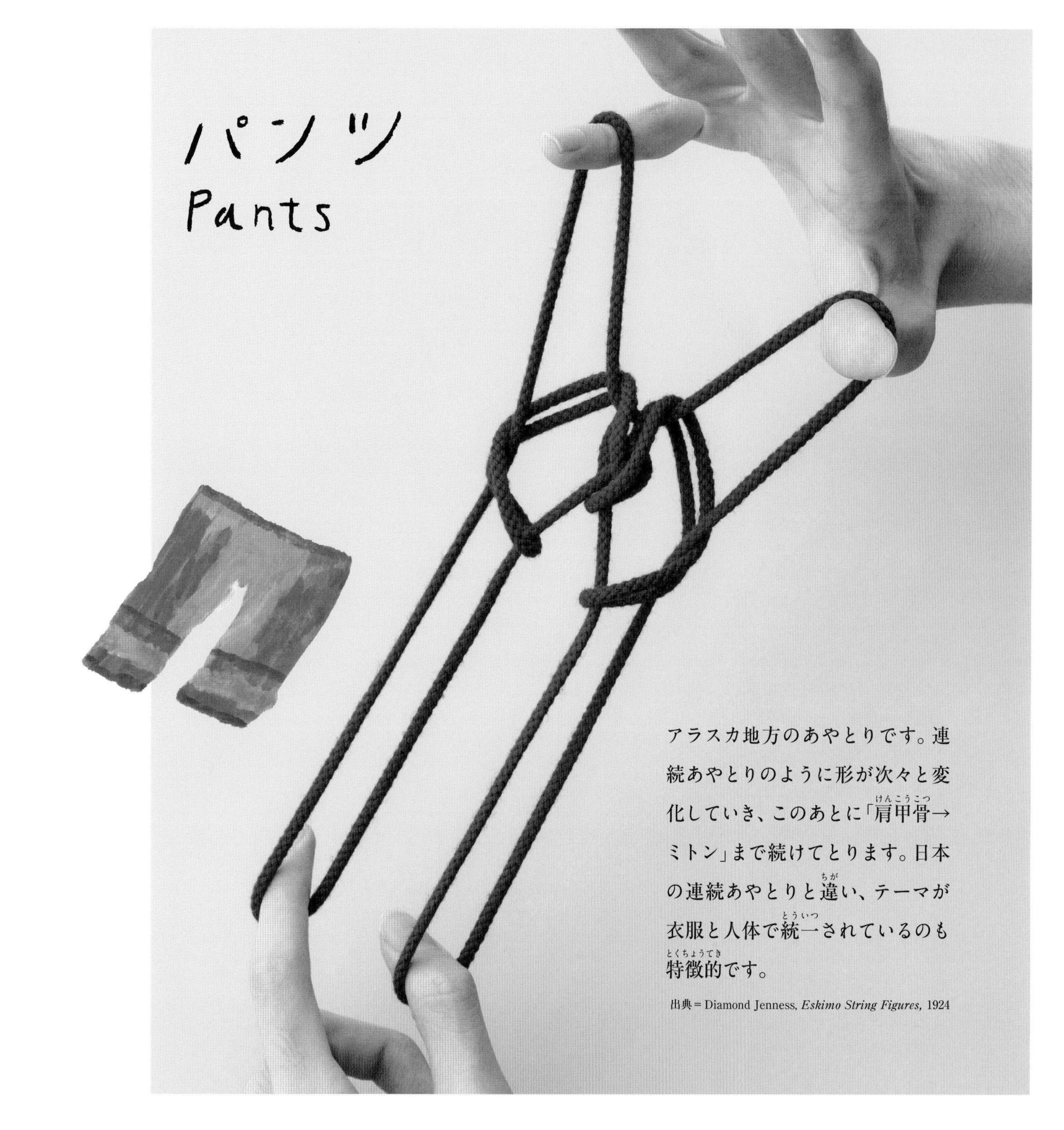

パンツ
Pants

アラスカ地方のあやとりです。連続あやとりのように形が次々と変化していき、このあとに「肩甲骨→ミトン」まで続けてとります。日本の連続あやとりと違い、テーマが衣服と人体で統一されているのも特徴的です。

出典＝Diamond Jenness, *Eskimo String Figures,* 1924

生き物を表すあやとり

極北圏の生き物のあやとりは極寒の地に棲む哺乳類や鳥類のあやとりが多く、
いずれも高度なテクニックが使われていて、その見事さは額に入れて飾りたいほどです。

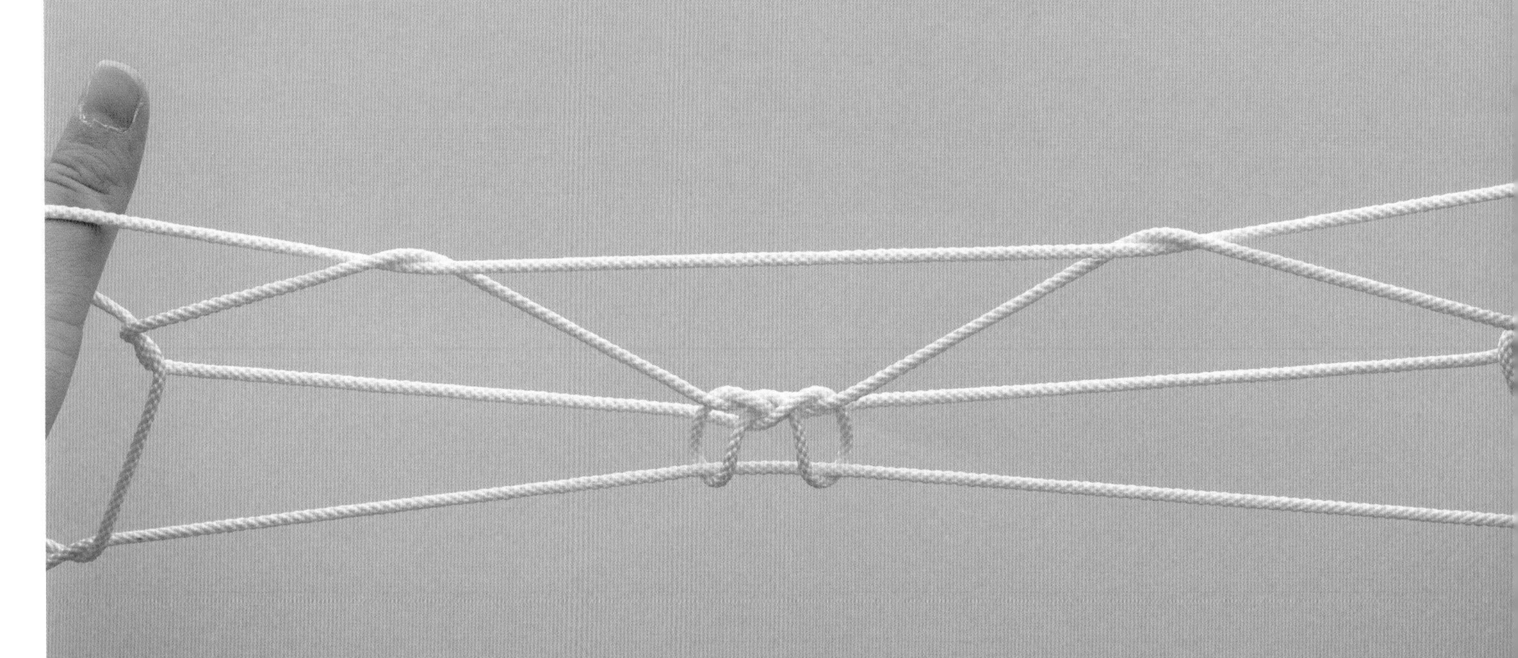

[とり方▶p.88]

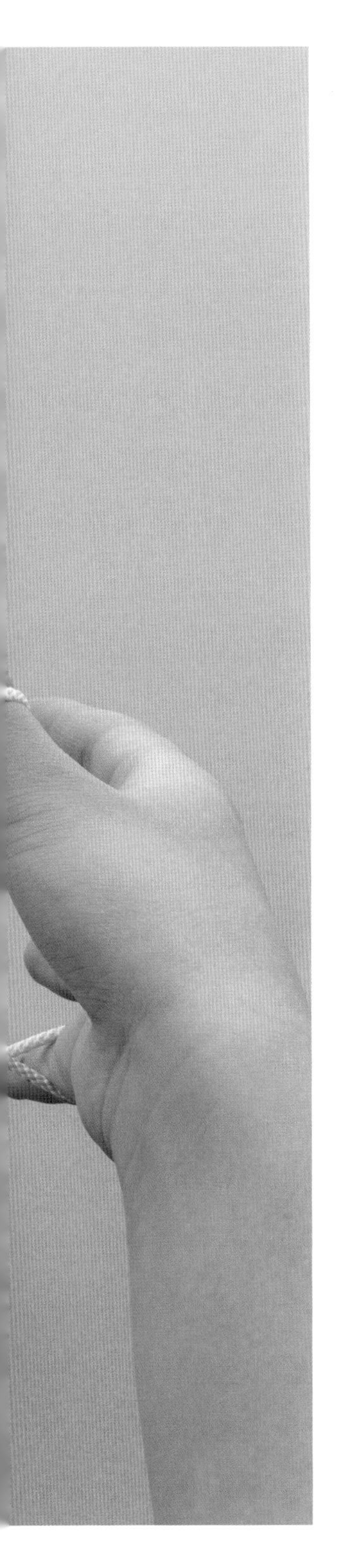

かもめ Seagull

アラスカ、ヌニバク島のあやとりです。両手を動かすと実際にかもめが飛んでいるように見えます。ヌニバク島はベーリング海で2番目に大きな島で、そこには多くのかもめが飛んでいることから生まれたあやとりです。

出典＝G. B. Gordon, *Notes on the Western Eskimo,* 1906

雷鳥の番
Two Ptarmigans

アラスカ地方のあやとりです。完成形の左が雌(めす)どり、右の尾(お)の長い方が雄(おす)どりを表しています。番(つがい)の雷鳥(らいちょう)は雄雌いつも一緒(いっしょ)で夫婦(ふうふ)仲の良い鳥として有名です。

出典＝G. B. Gordon, *Notes on the Western Eskimo*, 1906

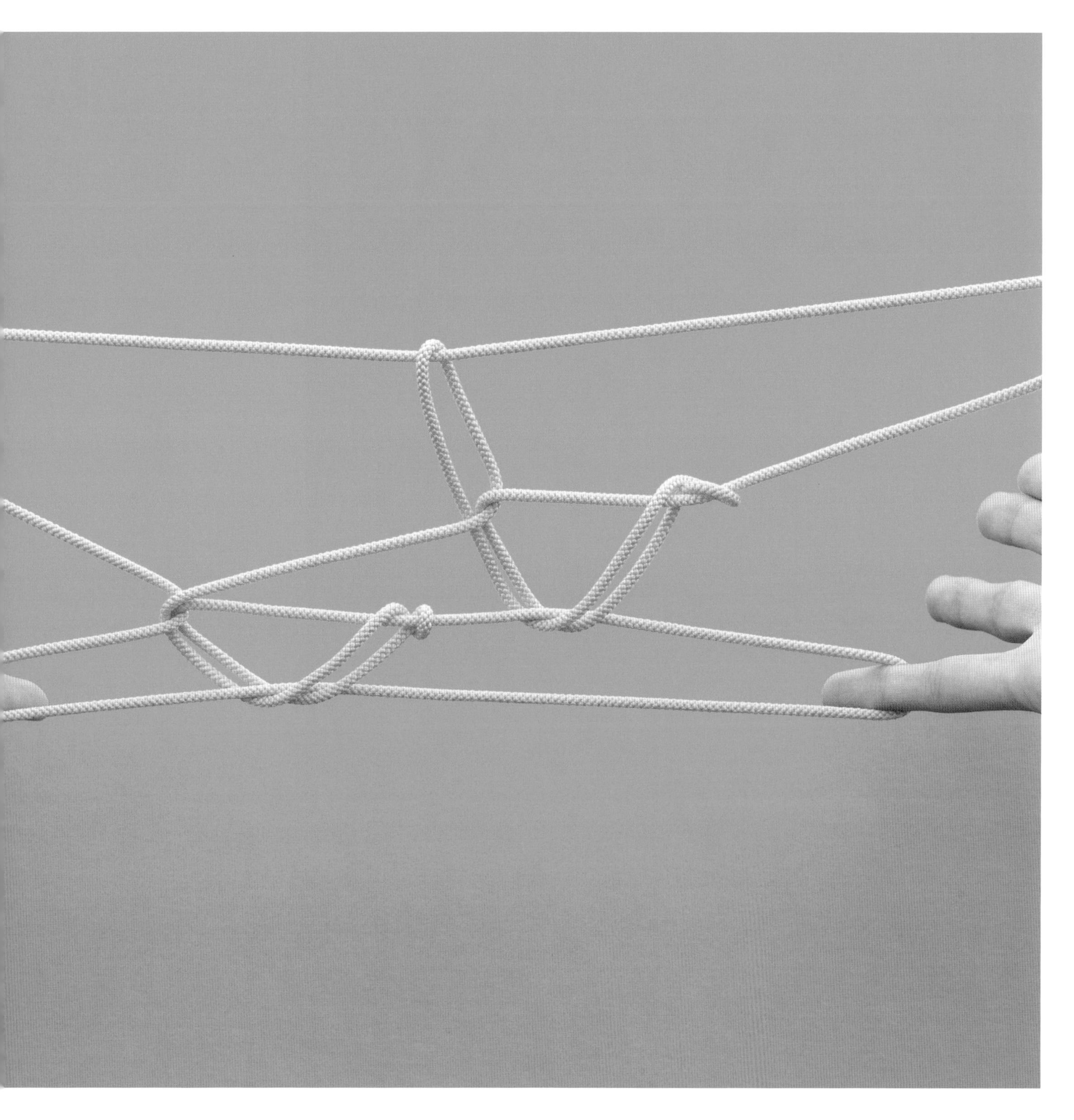

渡鴉 A Raven

アラスカ地方のあやとりです。「渡鴉（わたりがらす）」は世界各地の神話や伝説によく登場する鳥です。北アメリカ大陸などから北海道へ渡るため、この日本名がつきました。

出典＝Diamond Jenness, *Eskimo String Figures,* 1924

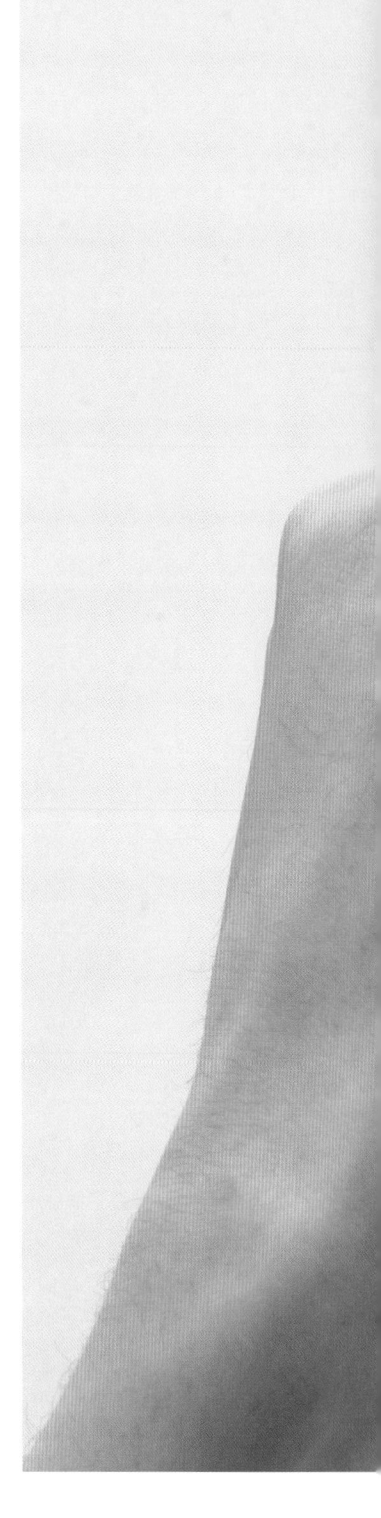

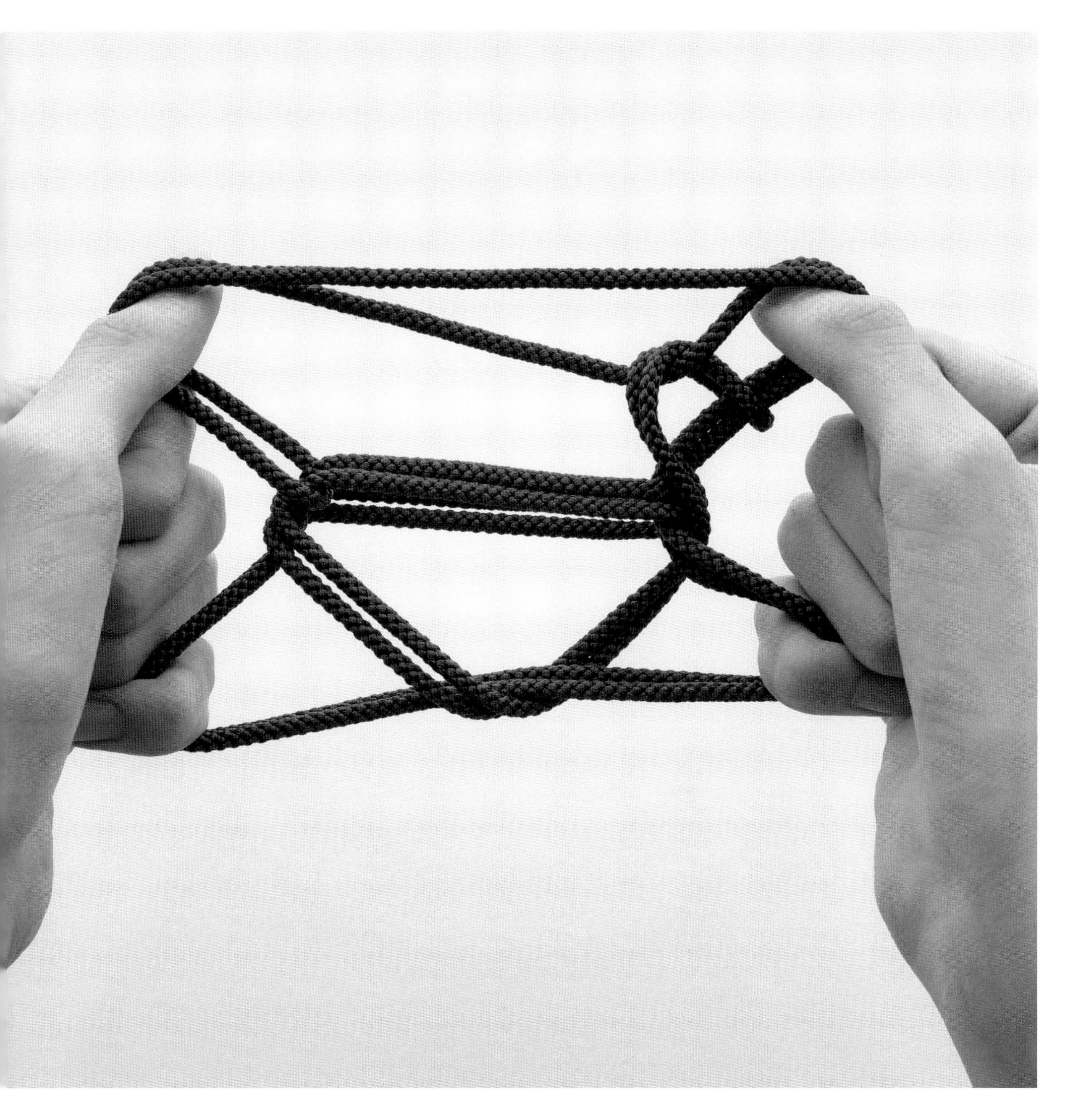

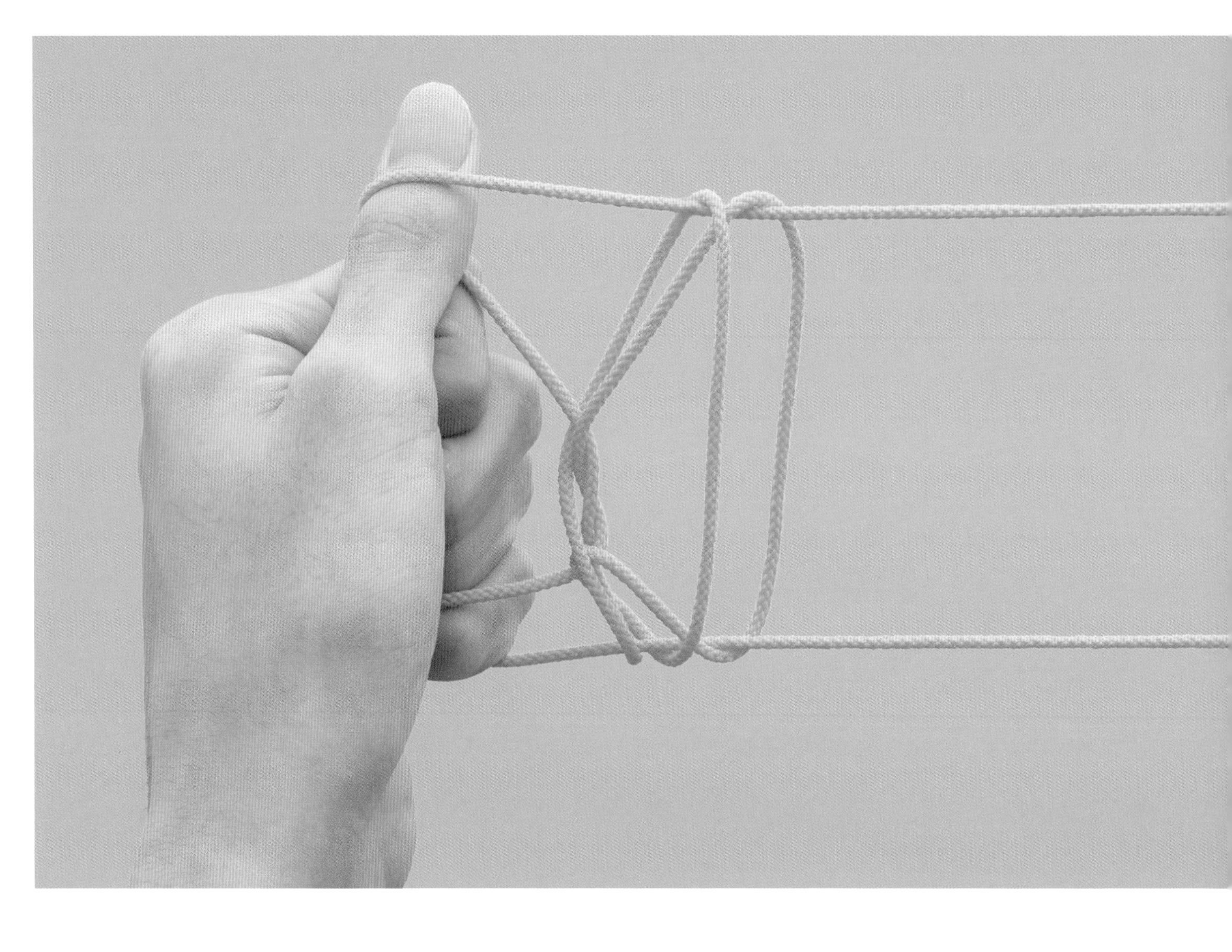

2匹の蝶
Two Butterflies

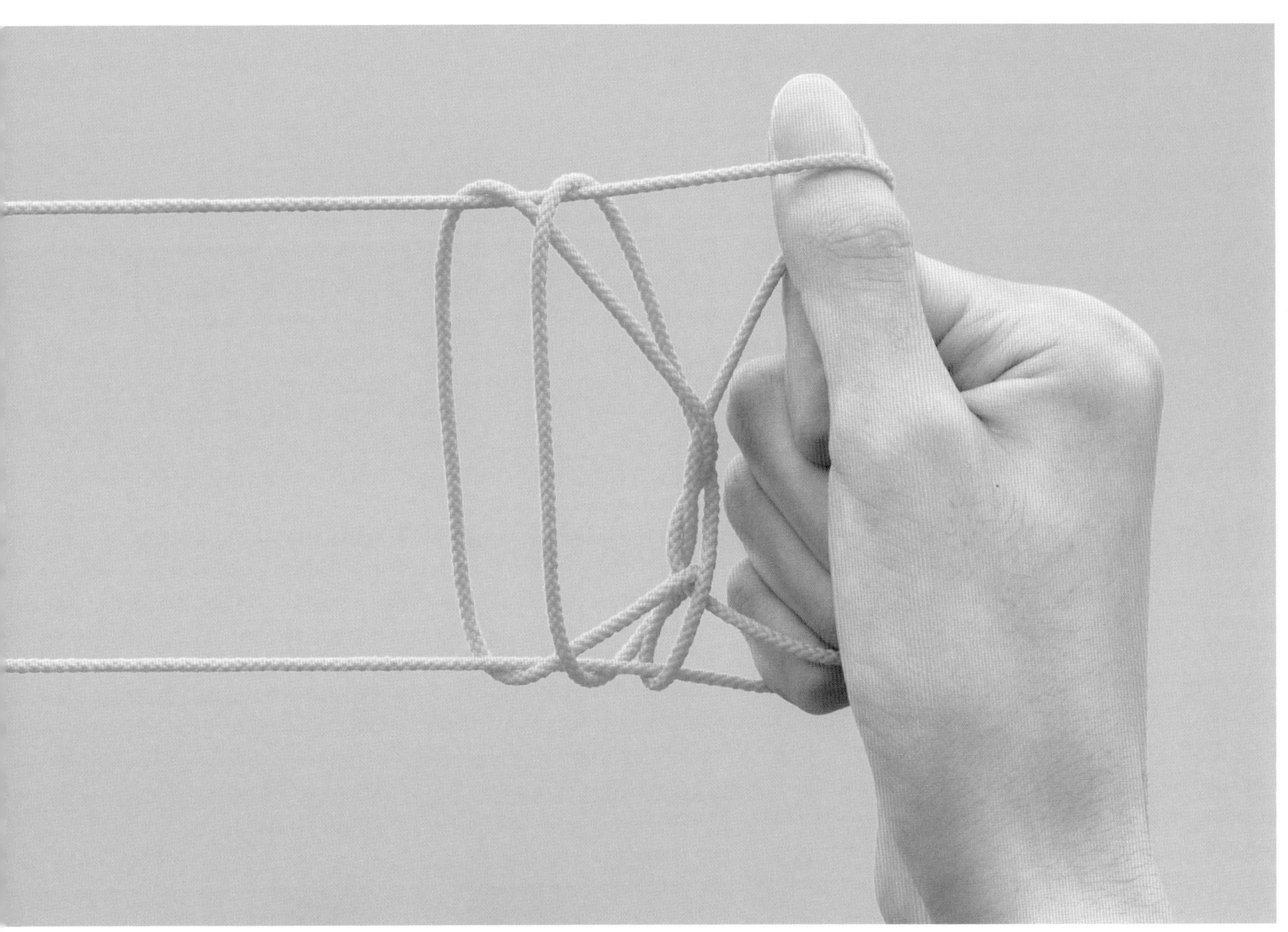

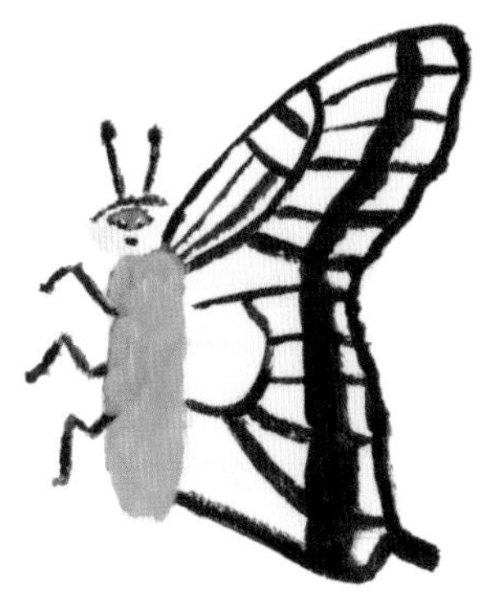

カナダ、ヌナブト準州に住むコッパーイヌイットのあやとりです。2枚の羽がかわいらしく立体的です。日本でとられている様々な蝶のあやとりや「ナバホの蝶」などと比較しても面白いでしょう。

出典＝Diamond Jenness, *Eskimo String Figures*, 1924

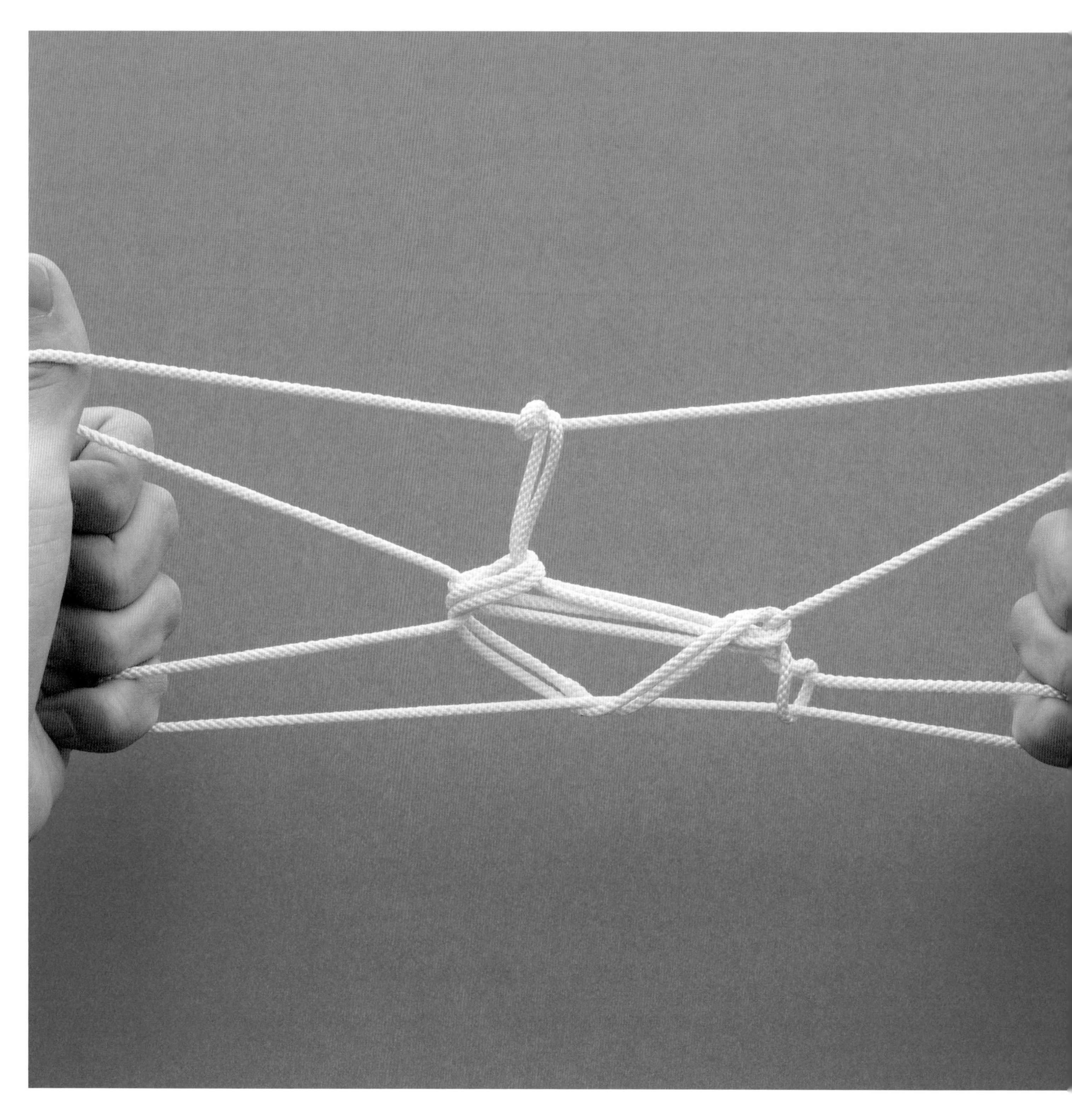

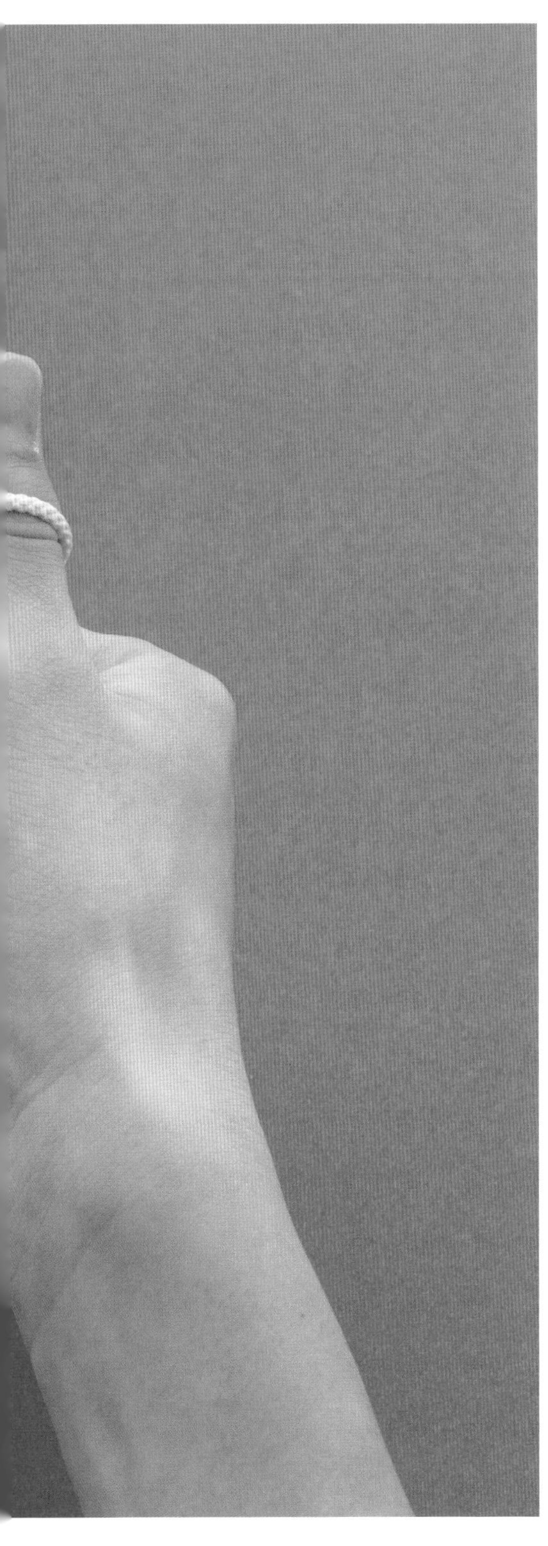

白鳥 A Swan

カナダ、マッケンジー地方のあやとりです。静かな湖で泳いでいた白鳥が、猟師(りょうし)に追われて飛び立ったあとの湖面に水の輪ができている様子(写真右)まであやとりにしています。

出典＝Diamond Jenness, *Eskimo String Figures*, 1924

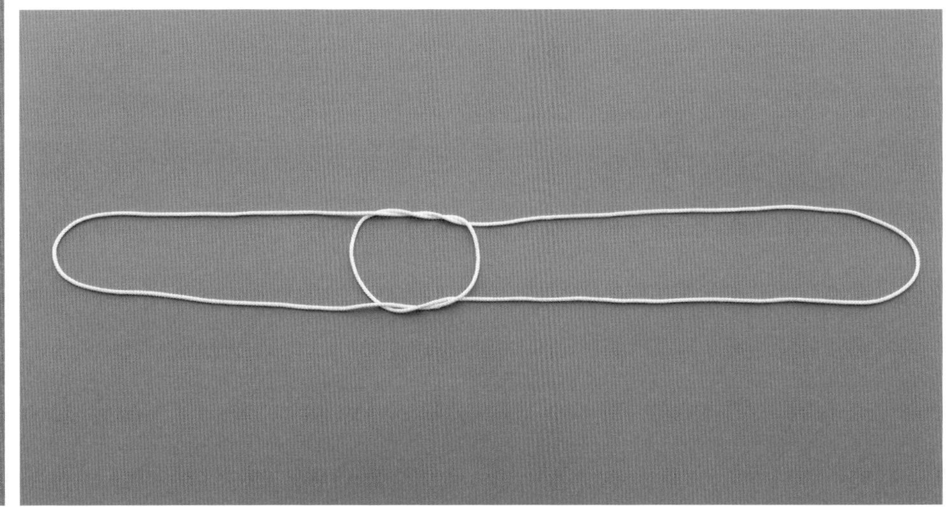

2匹の子鹿
Two Fawns

[とり方▶p.94]

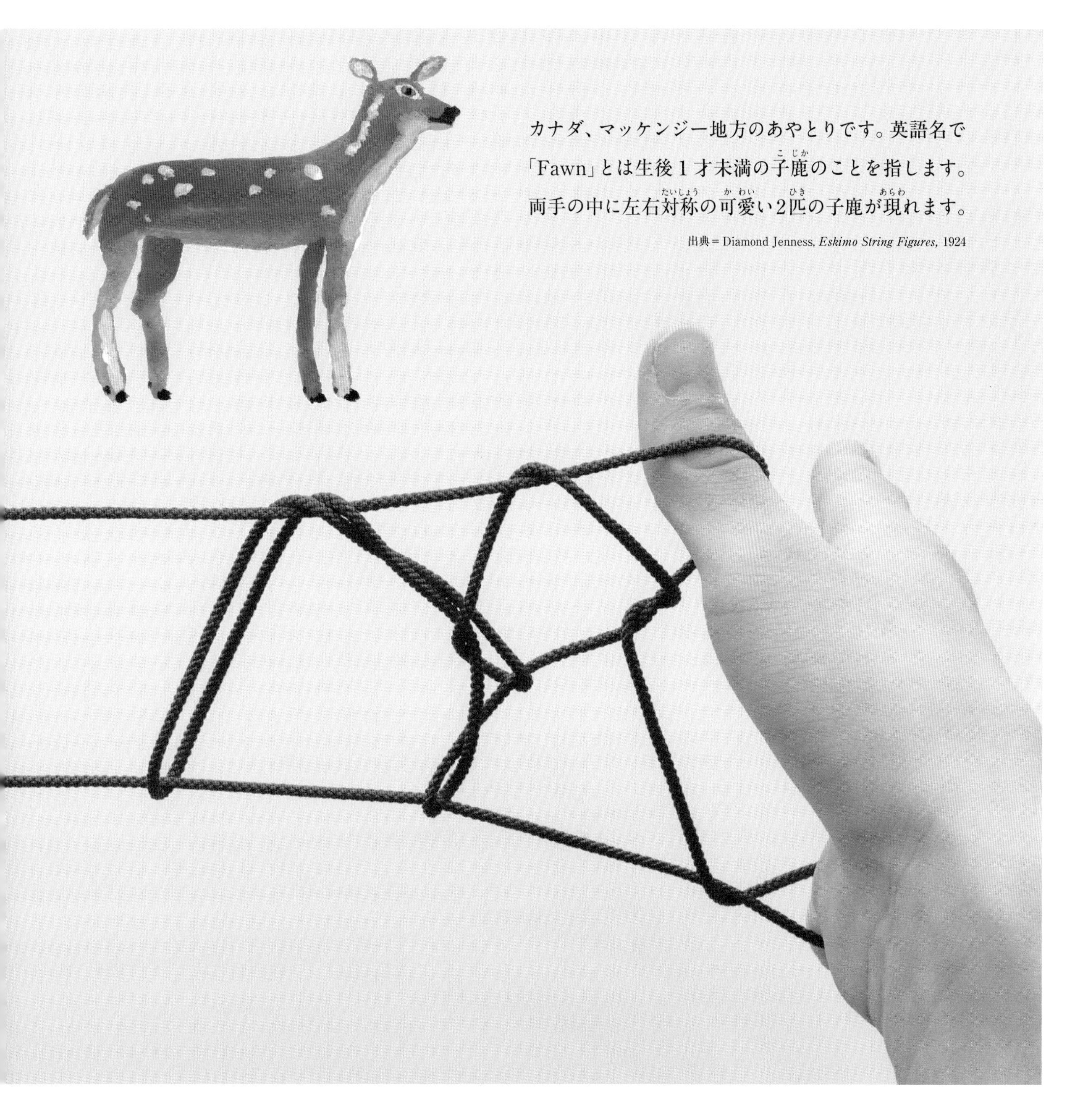

カナダ、マッケンジー地方のあやとりです。英語名で「Fawn」とは生後１才未満の子鹿のことを指します。両手の中に左右対称の可愛い２匹の子鹿が現れます。

出典＝Diamond Jenness, *Eskimo String Figures,* 1924

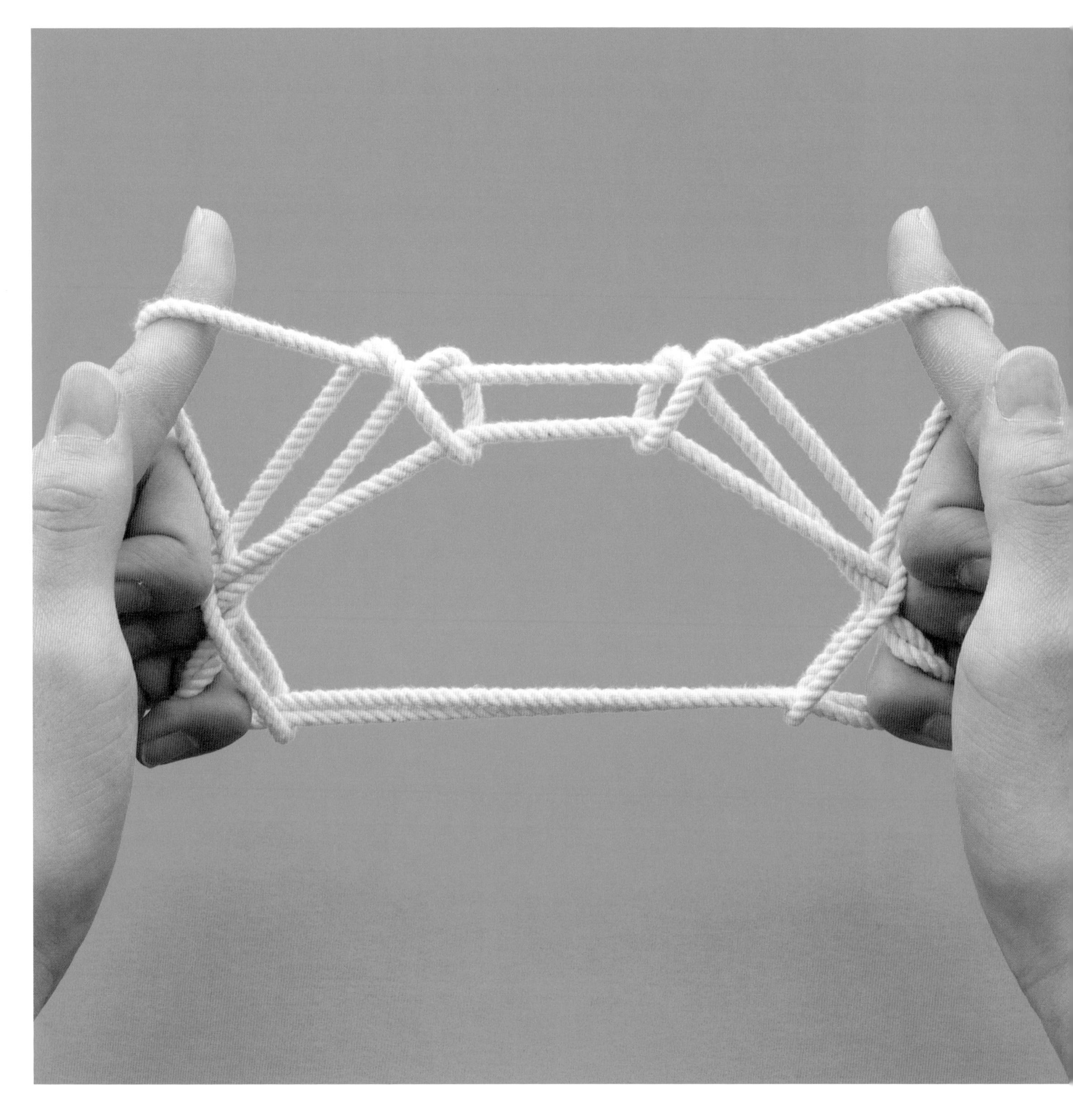

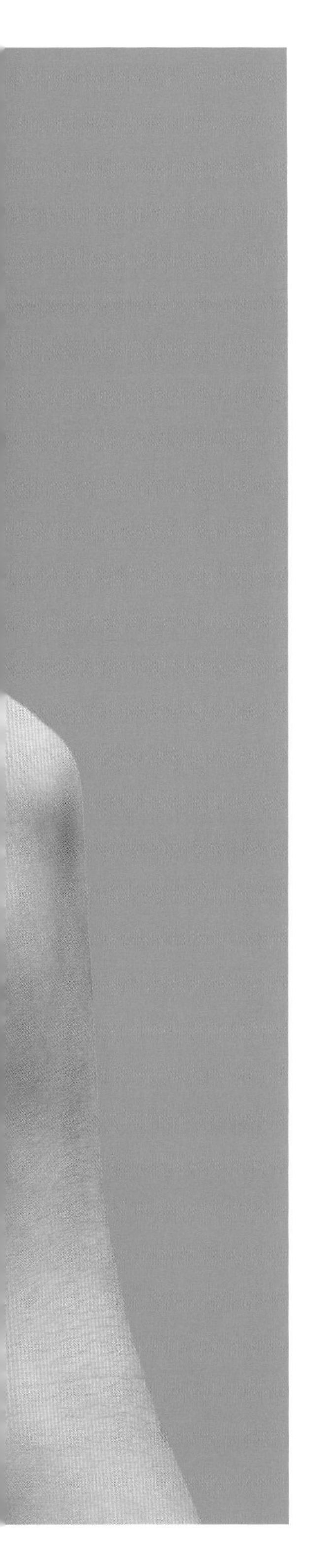

2匹の山羊
Two Mountain Sheeps

カナダ、マッケンジー地方のあやとりで、途中のとり方がとても珍しいです。最後にパッと左右に2匹の山羊が現れます。長く伸びているのは角でしょうか。

出典＝Diamond Jenness, *Eskimo String Figures,* 1924

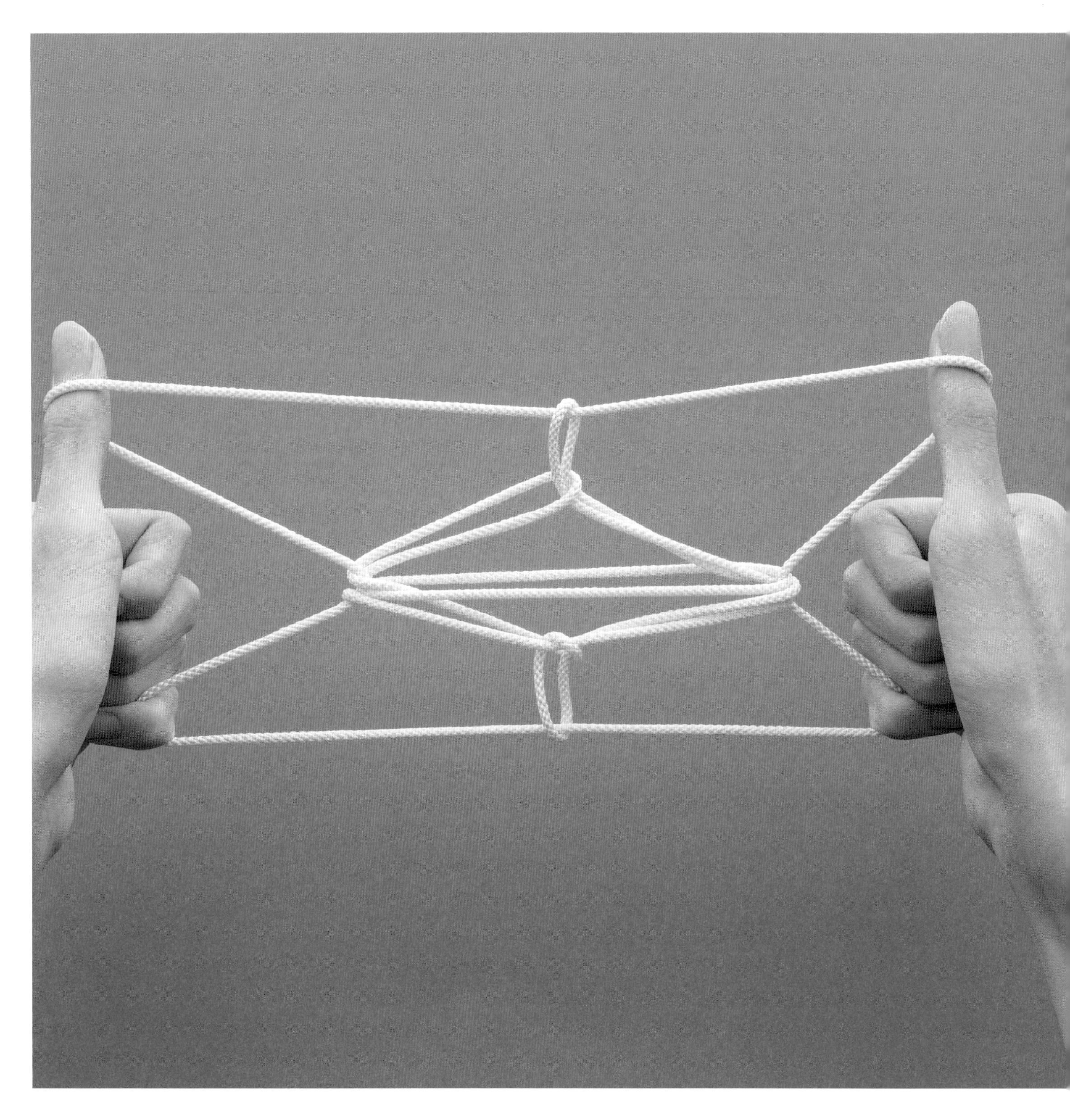

アザラシ A Seal

カナダ極北圏中央部から東のグリーンランドまで広く知られているあやとりです。アザラシは極寒に住む人々の食糧として、脂や皮は日用品の材料として重宝された非常に貴重な生き物でした。

出典 = Diamond Jenness, *Eskimo String Figures,* 1924

2匹のひぐま
Two Brown Bears

アラスカ地方のあやとりです。「ひぐま」をテーマにしたあやとりが数多く採集(さいしゅう)されています。他にも「ひぐまと子ぐま」「穴(あな)から出るひぐま」などのあやとりが採集されています。

出典＝Diamond Jenness, *Eskimo String Figures,* 1924

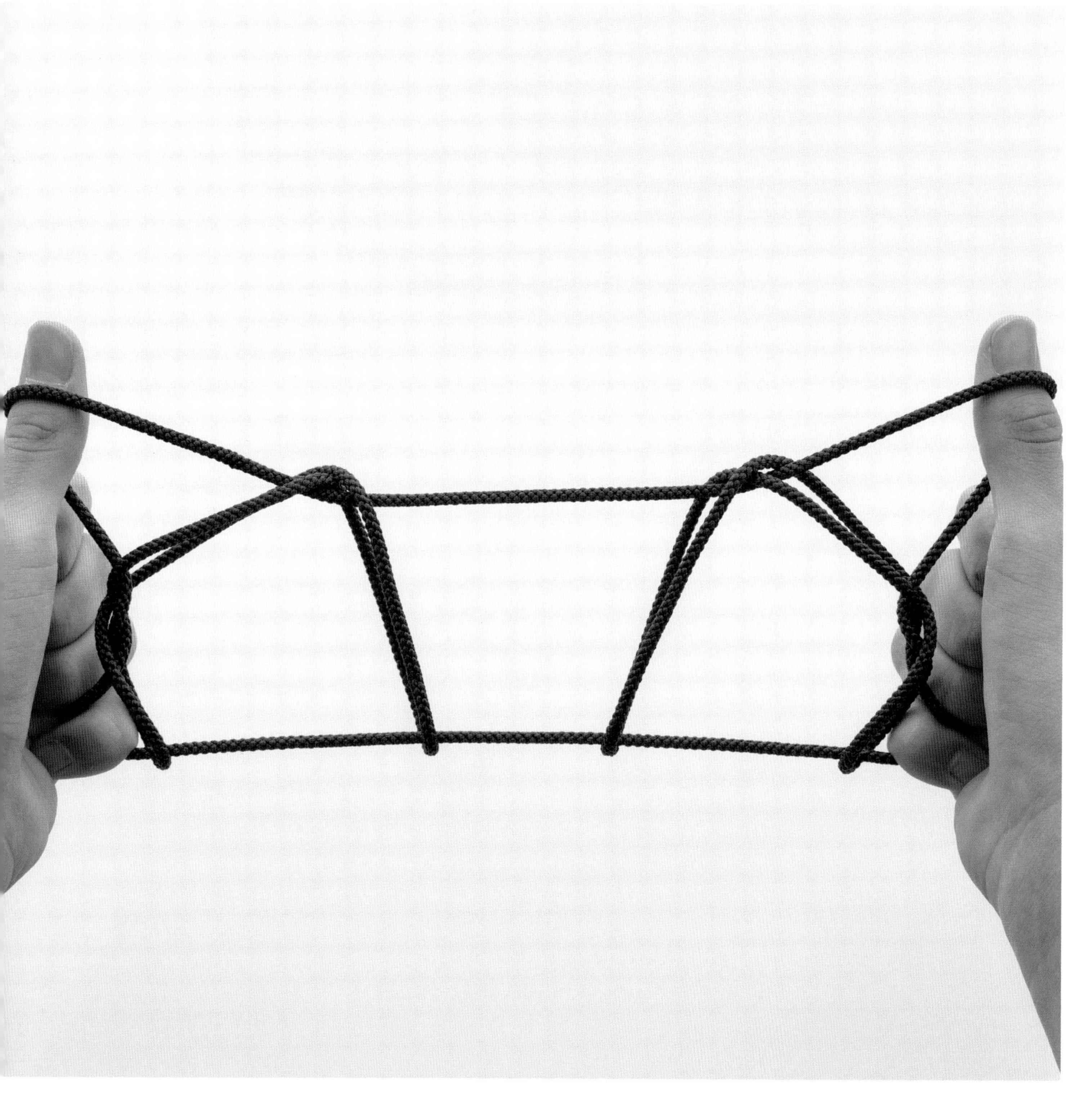

耳の大きな犬
A Dog with Large Ears

カナダ、ヌナブト準州(じゅんしゅう)に住むコッパーイヌイットのあやとりです。右手のひもを引くと、犬が左に動き、ひもを戻(もど)して何回でも歩いたり走ったりさせることができる楽しいあやとりです。

出典＝Diamond Jenness, *Eskimo String Figures,* 1924

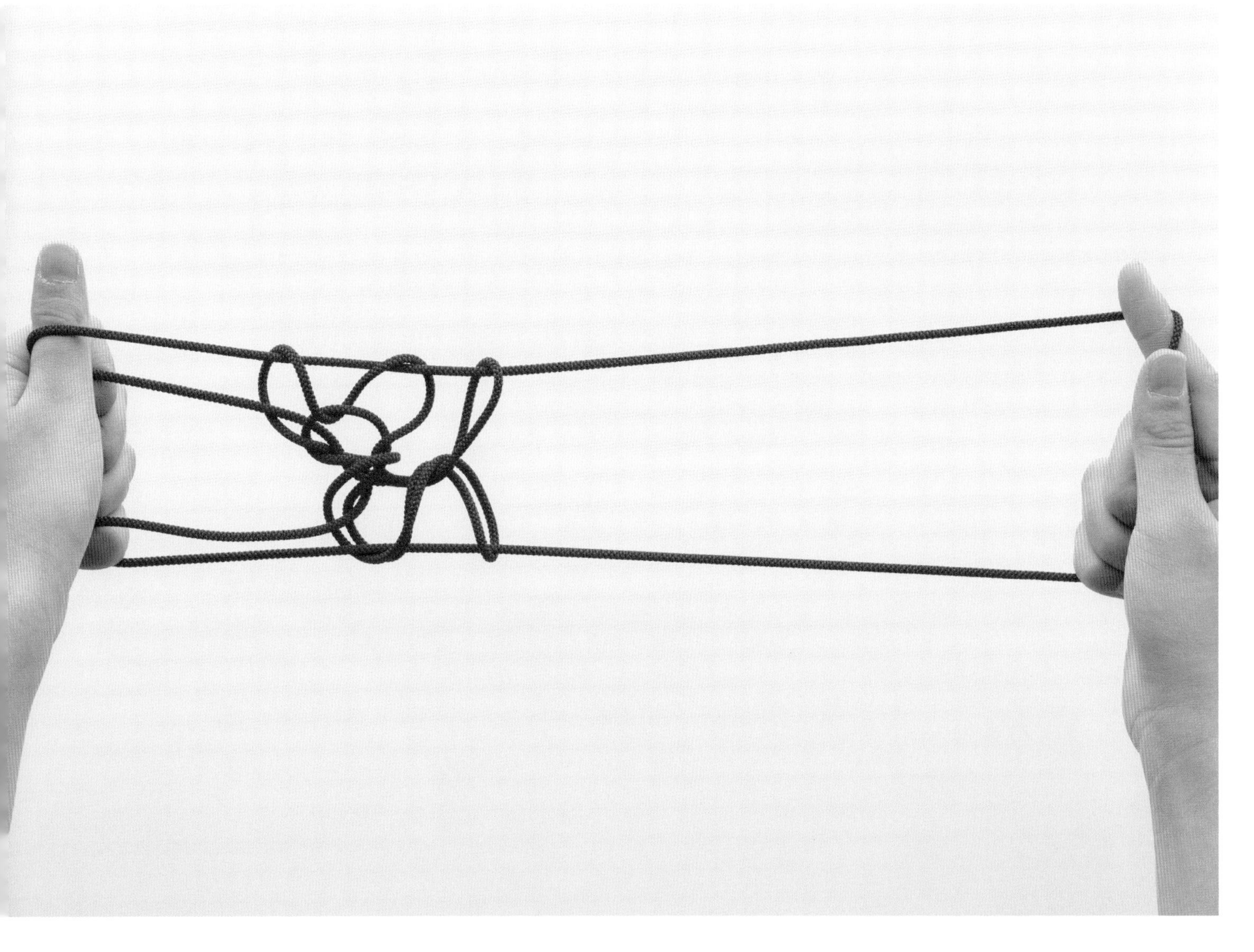

カリブー
A Caribou

アラスカ地方のあやとりですが、カナダ極北圏東部まで広く分布しています。「カリブー」とは、北米先住民の間での「トナカイ」の呼び名で、北アメリカ産のトナカイはカリブーと呼ばれています。主な操作を右手で行うのが特徴です。

出典＝G. B. Gordon, *Notes on the Western Eskimo*, 1906

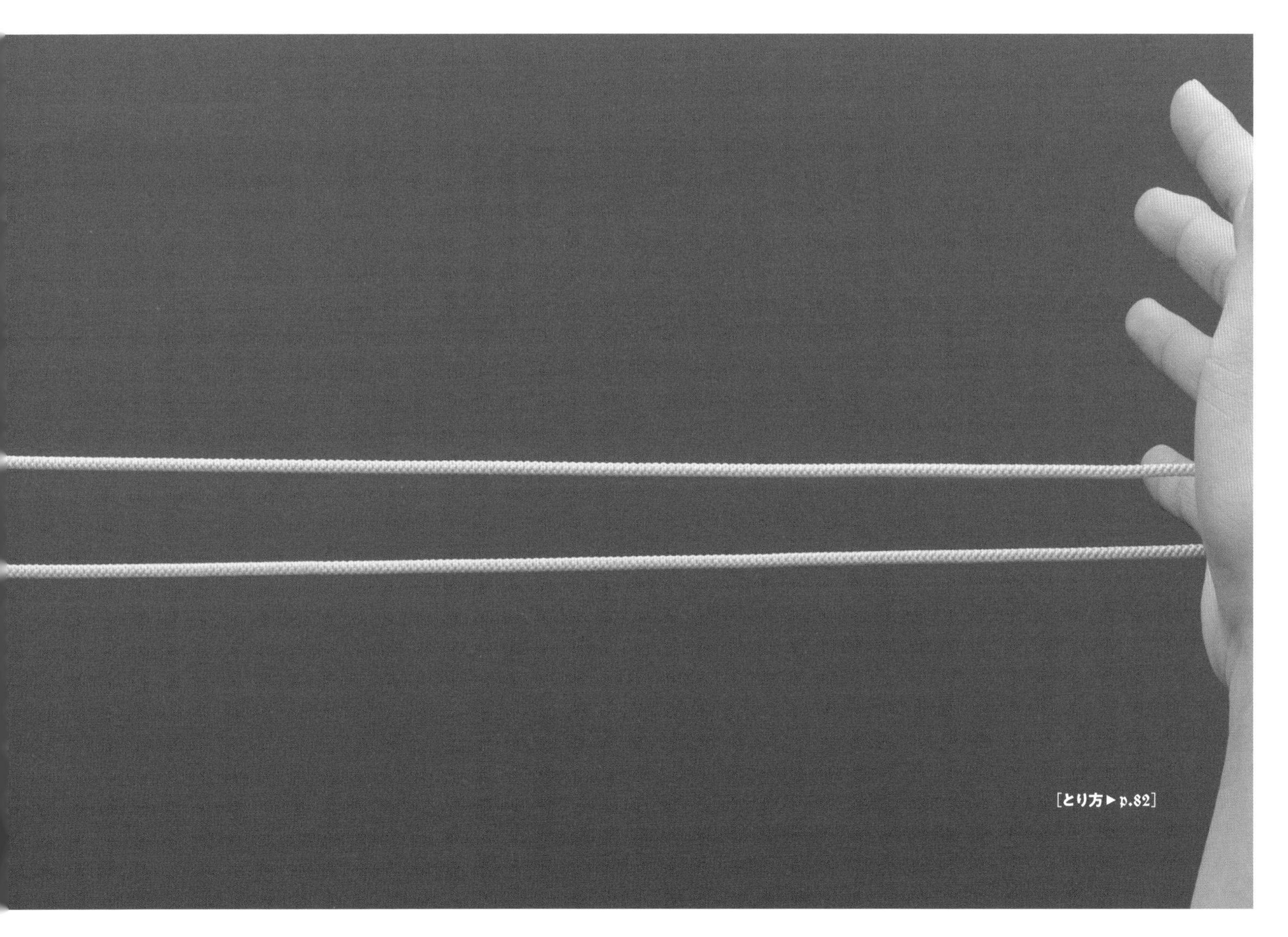

［とり方►p.82］

柳の中のカリブー
The Caribou in the Willows

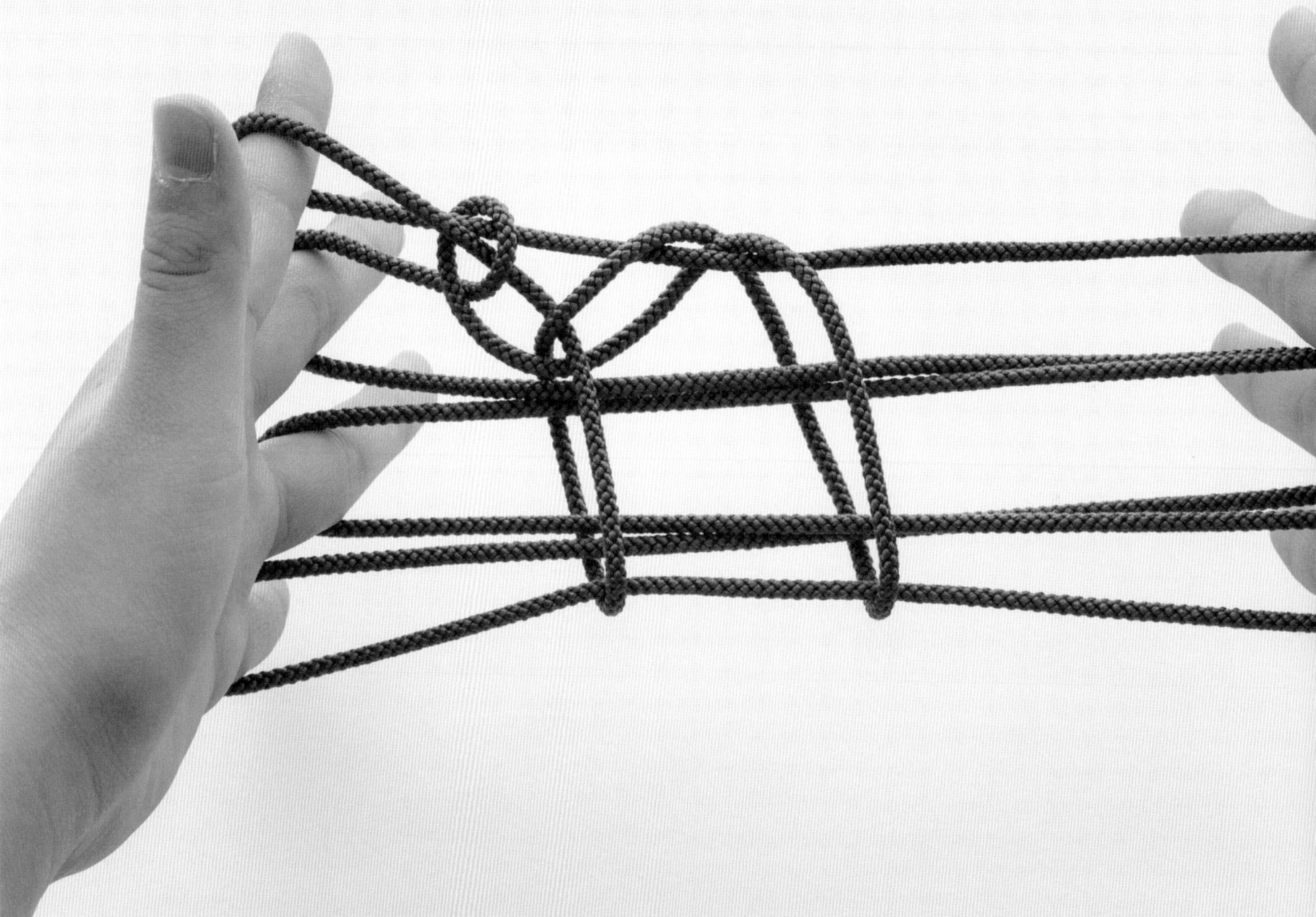

[とり方▶p.98]

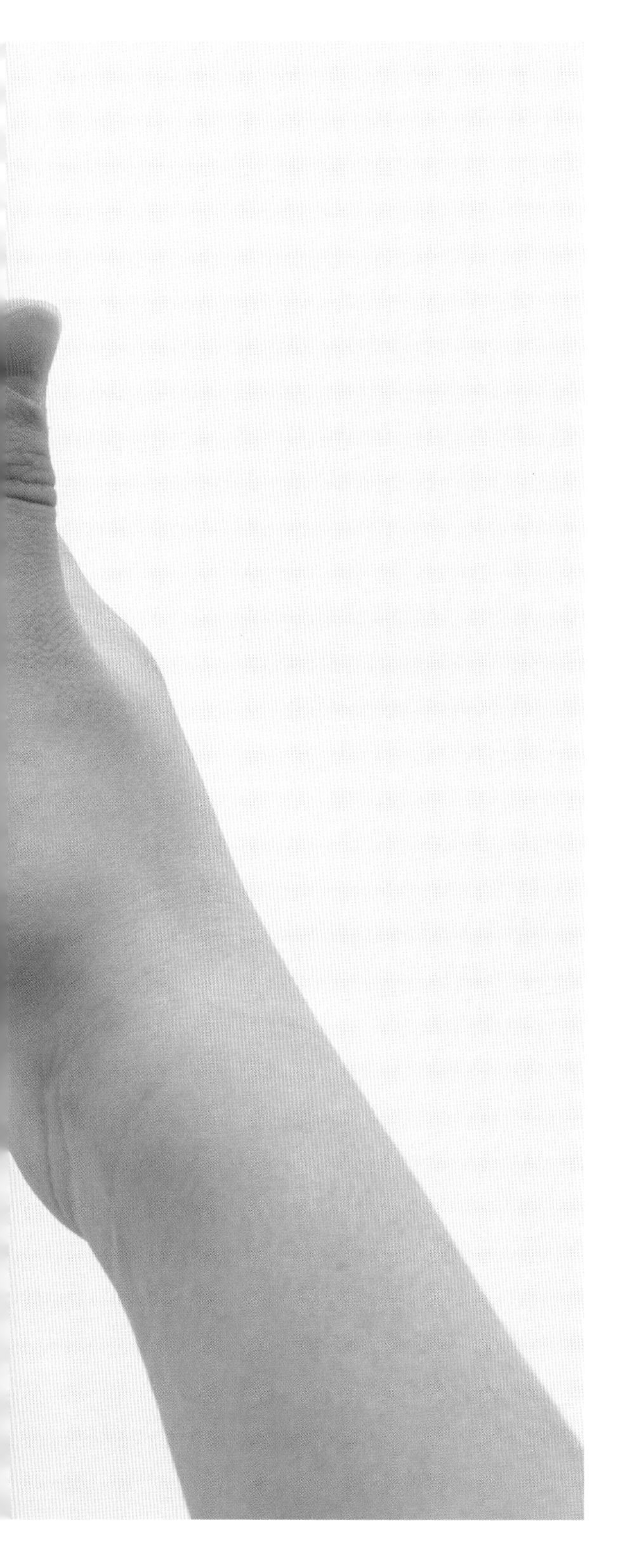

アラスカ地方のあやとりで、「カリブー」(p. 58)の変形です。カリブーは夏の暑い時間帯は柳(やなぎ)の木の下で涼(りょう)をとり、寒くなると去って行ってしまうことから、その様子をあやとりで表しています。

出典 = Diamond Jenness, *Eskimo String Figures,* 1924

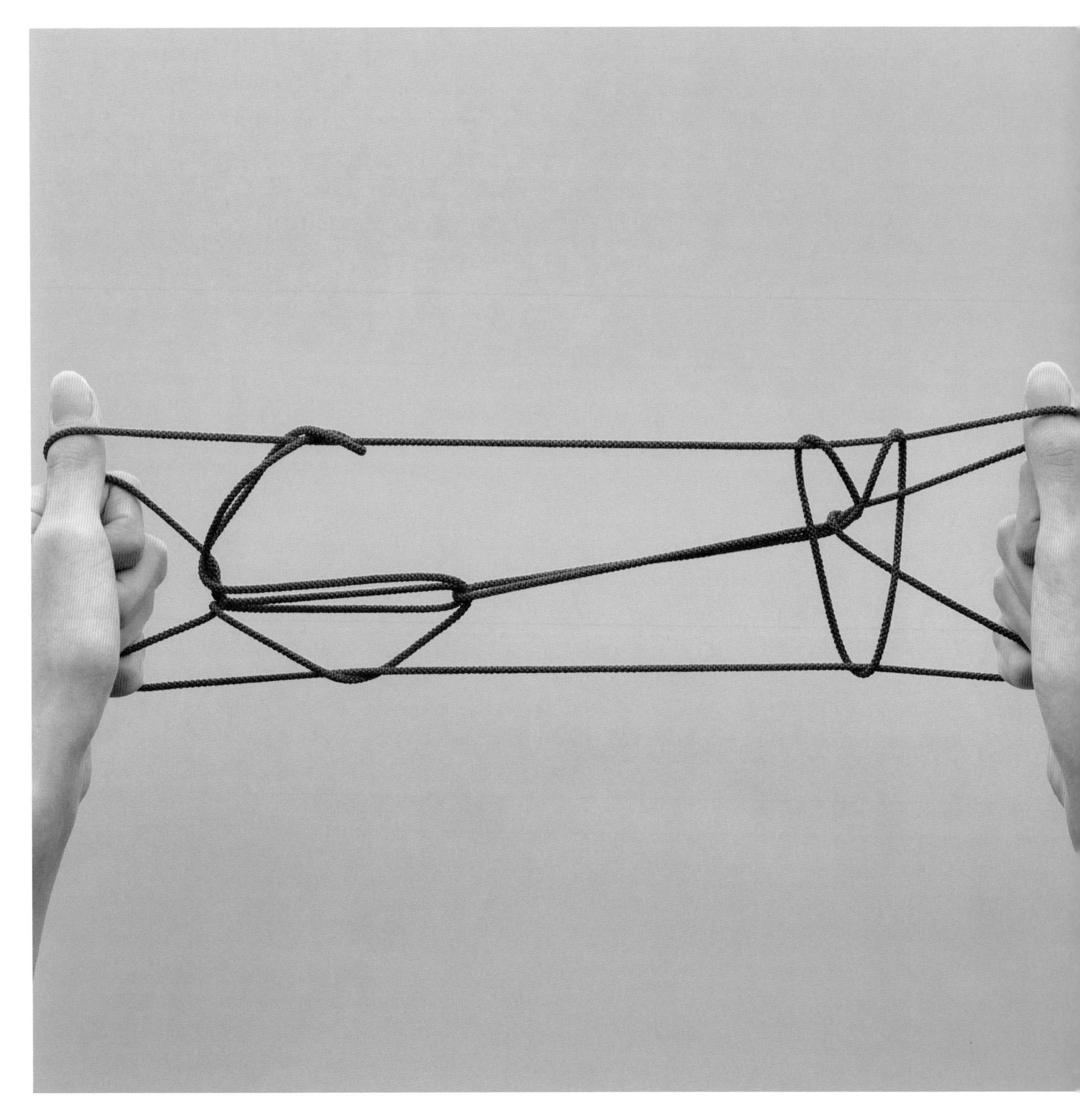

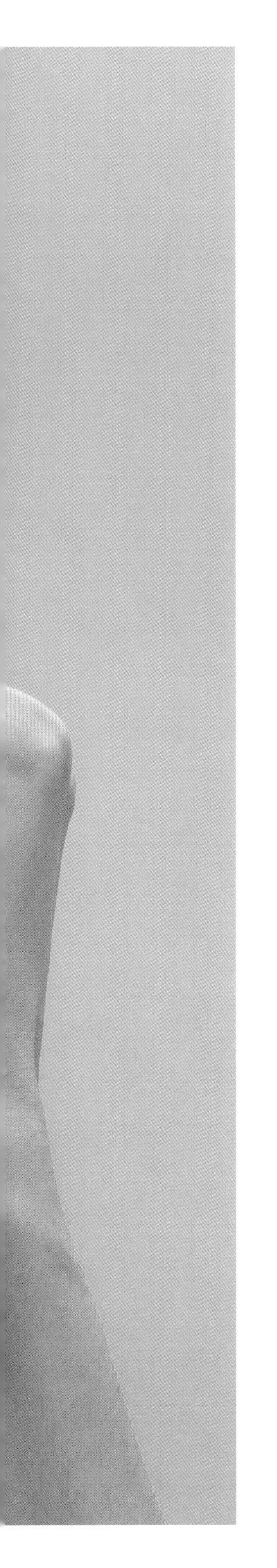

そりを引くトナカイ
A Reindeer Dragging a Sled

左側が「そり」、右側が「トナカイ」を表しています。その間を斜(なな)めに走る２本のひもは「引き具」を表しています。クリスマスにはこのあやとりをとって楽しみましょう。

出典＝Diamond Jenness. *Eskimo String Figures,* 1924

くじらときつね
Whale and Fox

アラスカ地方のあやとりで、最初に「きつね」を作り、最後の方に絡(から)まったひもをほどくと「くじら」が現(あらわ)れます。くじらにまとわりついていたきつねを人間が追い払(はら)う様子を表したあやとりです。

出典＝G. B. Gordon, *Notes on the Western Eskimo,* 1906

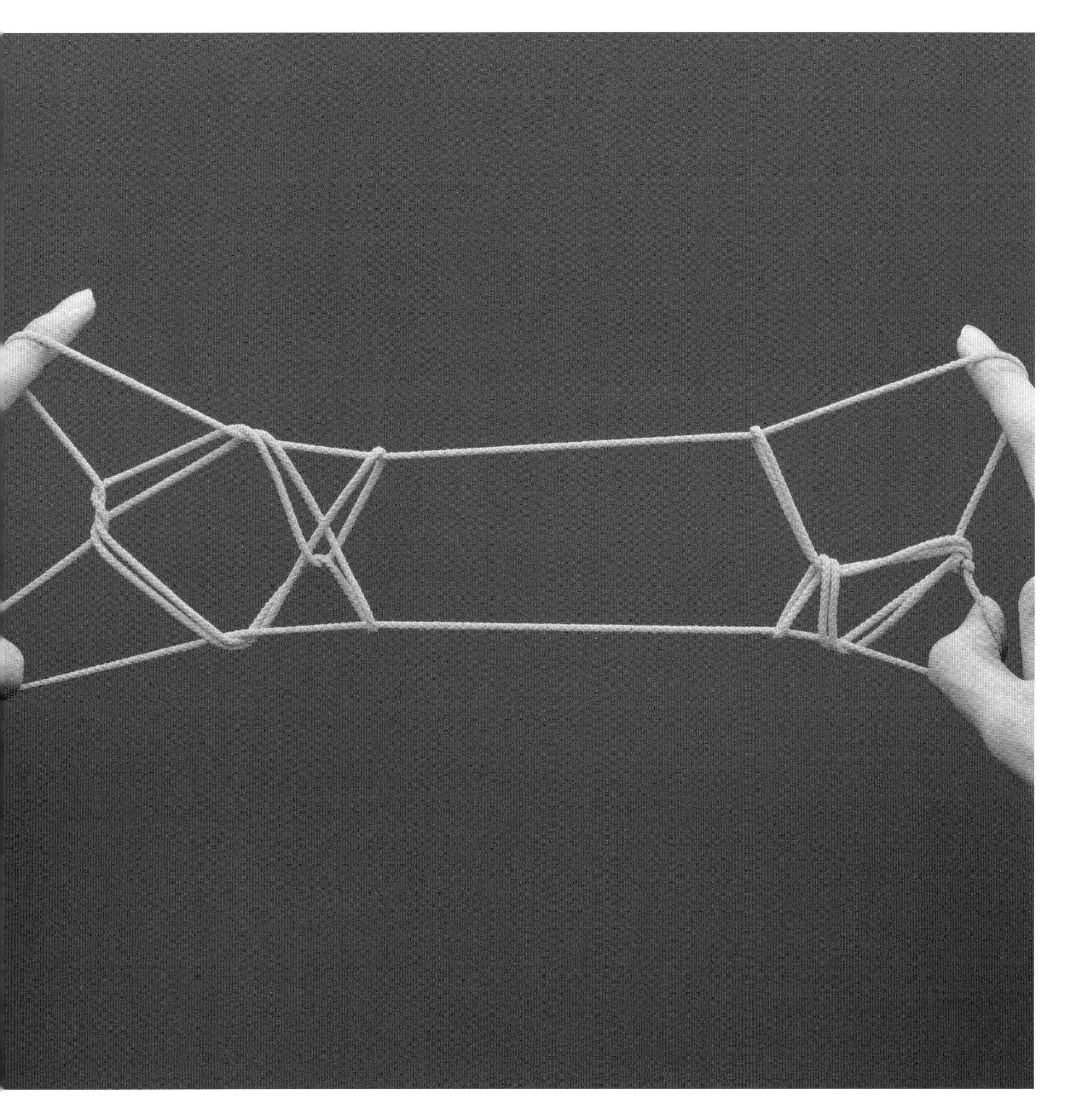

マンモス
The Spirit of the Lake

カナダ極北中西部ではマンモスの牙(きば)や骨(ほね)が化石として出土するため、人々にもその存在(そんざい)が知られていました。それを知らないアラスカの人々は、マンモスのことを「湖の精霊(せいれい)」と語り継(つ)いでいたため、英語名は「The Spirit of the Lake」となっています。

出典＝Diamond Jenness, *Eskimo String Figures,* 1924

ホッキョクグマ A Polar Bear

アラスカ地方のあやとりですが、カナダ、マッケンジー地方からグリーンランドまで広く知られています。途中(とちゅう)「白鳥」(p. 46)などと同じ手法を使い、最後に手首をひっくり返して完成します。

出典＝Diamond Jenness, *Eskimo String Figures,* 1924

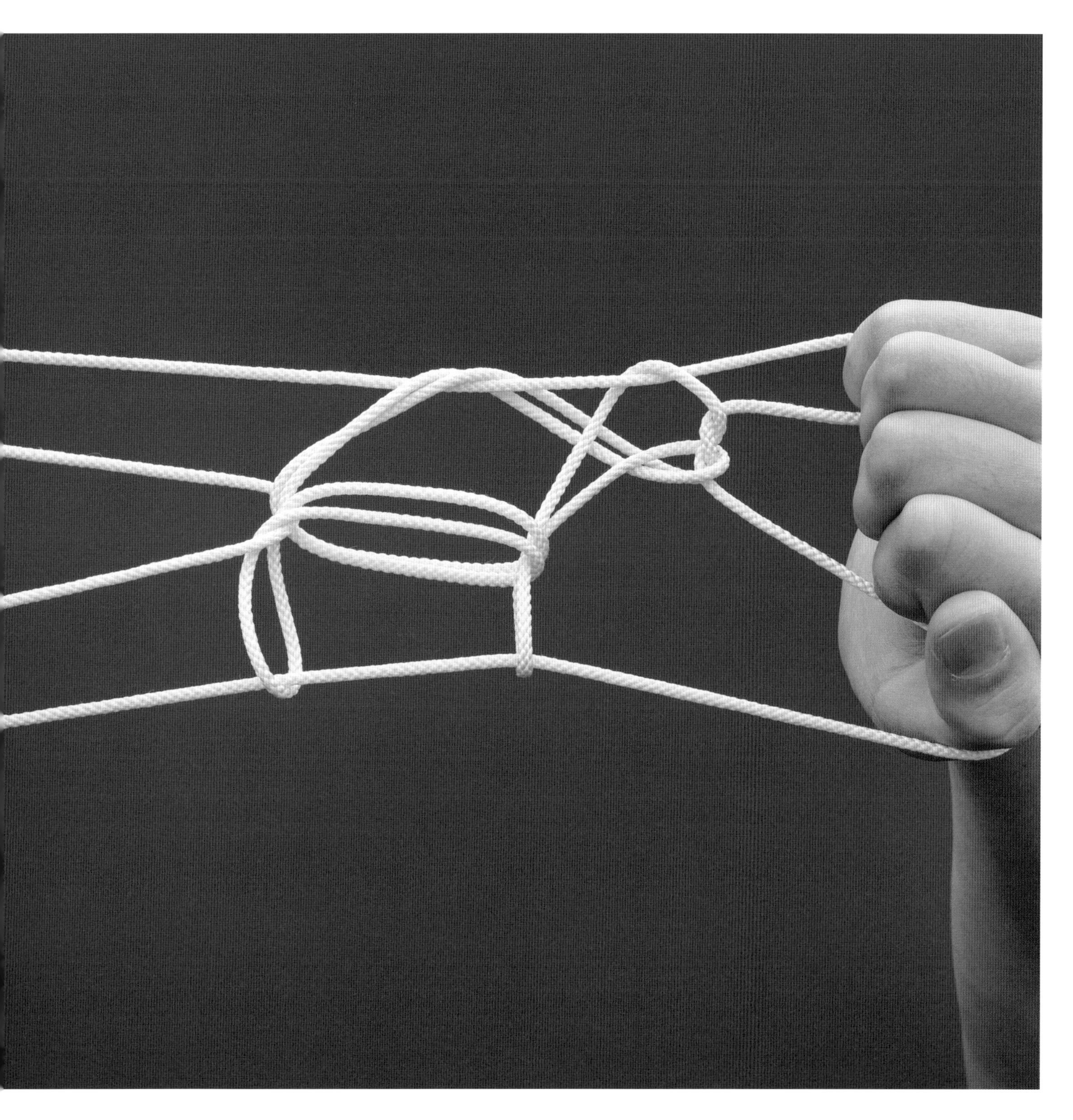

魚網を破るホッキョクグマ
The Fish Net

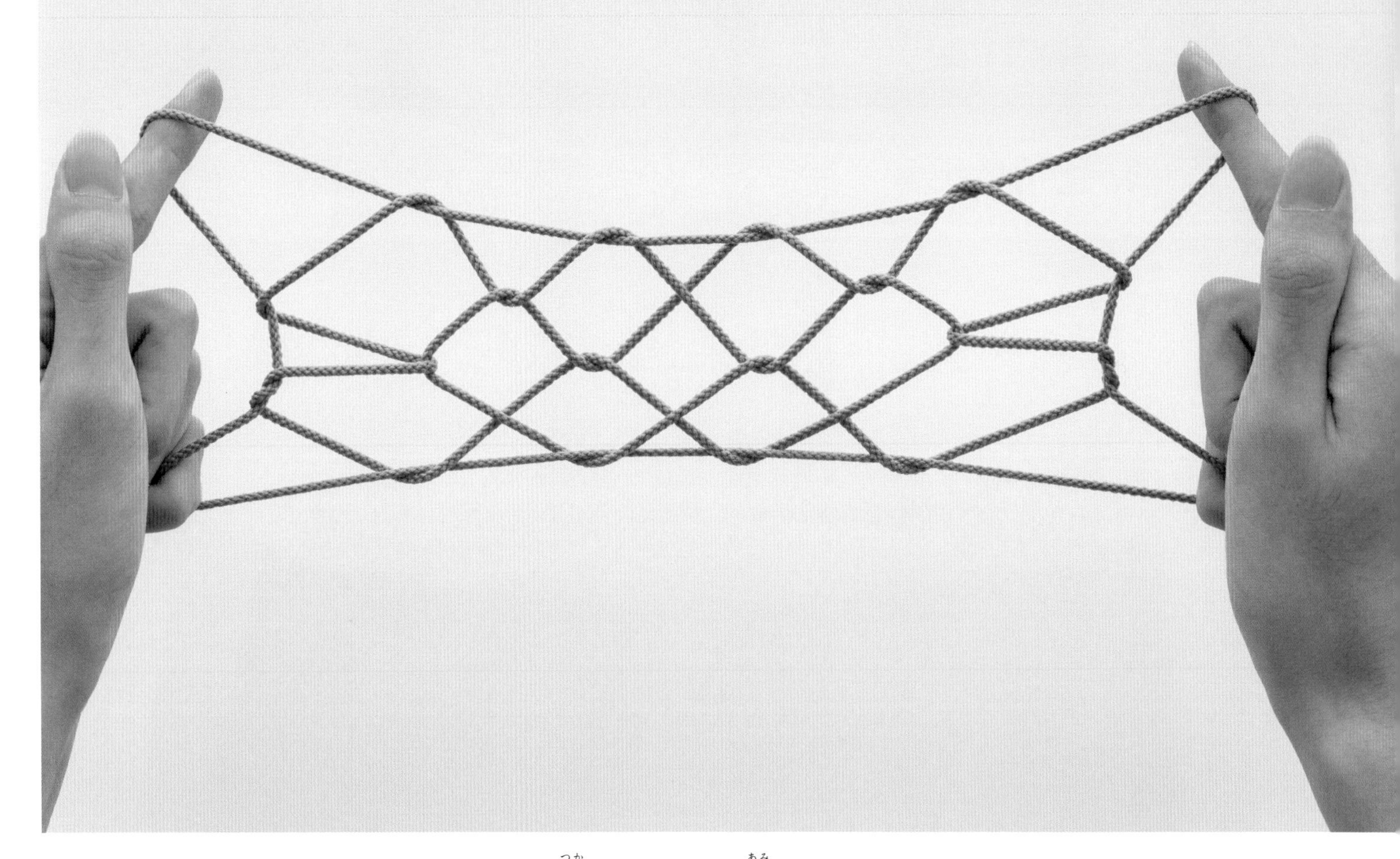

アラスカ地方のあやとりです。魚を捕まえようとして網に引っかかってしまったのでしょうか？
複雑な模様の魚網が破れ、最後に２匹のくまが現れるというユーモラスなあやとりです。

出典＝Diamond Jenness, *Eskimo String Figures,* 1924

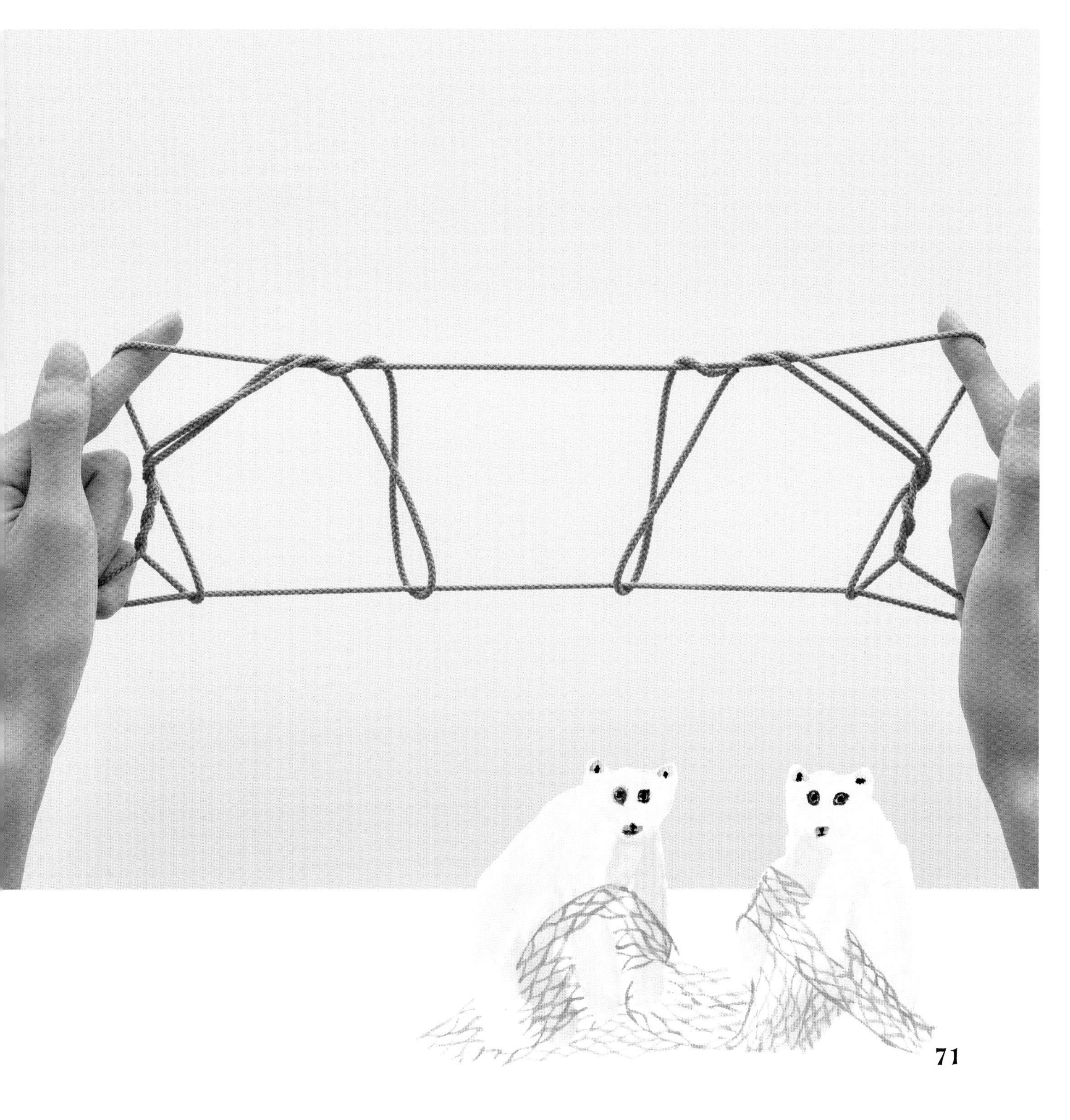

コラム❶

「カヤックをこぐ人→山並み」のあやとり

[p.14–17]

シベリアの最東端、チュコト半島には先住民チュクチの人々が住んでおり、海辺に住む人々は漁業やアザラシ猟で暮らしを立てていました。

「カヤックをこぐ人→山並み」のあやとりは、『チュクチの猟師がひとり乗りのカヤックに乗ってベーリング海峡へこぎ出し、海上はるか彼方にアラスカの山脈を望む』という壮大なスケールの歌のついたあやとりです。

夏に　カヤックをこいでいった　吹き付ける風の中を
降りかかる雪の中を　叩きつける雨の中を　カヤックをこいでいった
見上げればはるか向こうに　あの山並みが見えた

このあと、作り上げたあやとりの「山並み」(p. 16)の見え方を歌って終わりとなります。5つの連山が写真のようにきれいな形で現れると、

山々はくっきりと　その姿を見せていた

と歌い、あやとりの糸が重なった形になれば、

山々は深い霧に覆われていた

と歌います。チュコト半島とアラスカを隔てるベーリング海峡は深い霧が立ち込める日が多く、山々が形よく見えることは珍しかったようです。

第2章

とってみよう

ここでは、1章で紹介した極北圏のあやとりの中から、10のあやとりのとり方を説明します。日本のあやとりとは違ったはじめ方をするものもあるので、まずは「あやとりの基本」のページをよく読んで、初級、中級、上級とレベルアップしていきましょう。

あやとりの基本

あやとりひもについて

ひもの種類と選び方

暮らしの中にある、身近なひもを使って、手軽に楽しむことができるのが、あやとりの大きな特徴です。

素材――家にある、タコ糸や太めのひもなどを、輪にして楽しみましょう。おすすめは、太さ2～3㎜のナイロンなどの化繊のひもや、綿のひもなどで、100円ショップや手芸店で購入できるものもあります。値段が高く手に入りにくい欠点がありますが、絹のひもはとりやすく形もきれいにできます。

長さ――ひもの長さは、とりたいあやとりに合わせて用意するのが理想的です。本書でとり方を紹介しているあやとりに関しては、おすすめの長さと素材を掲載しているので参考にしてください。

ひもを輪にする方法

結ぶ方法

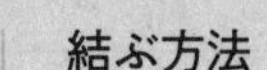

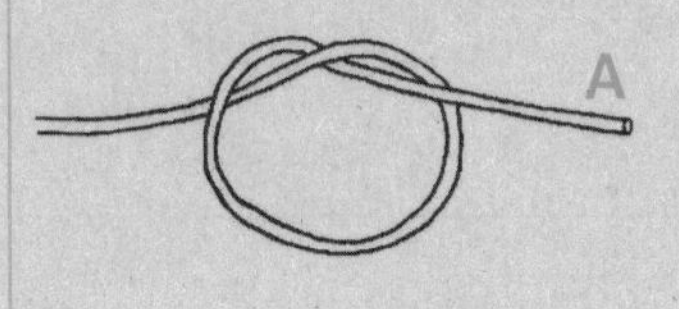

1

ひもの一方の端Aをゆるく結んで輪を作ります。

2

反対側のひもの端Bも同様の輪を作り、Aを中に通し、Bは1の輪に通します。

D A C B

3

AとC、BとDのひもをそれぞれ一緒ににぎり、左右に引いて結び目を締め、余分なひもを切ればできあがりです。

接着する方法

ひもの両端に手芸用の接着剤をつけて端をつなげます。しっかり固まるまでは、動かさないようにしましょう。3日間くらい乾かすと、じょうぶなあやとりひもになります。

ひものとり方と指の動かし方

あやとりでは、同じ位置のひもを同じ指でとっても、「下からとる」「上からとる」という指示(しじ)でとり方がちがってきます。

下からとる

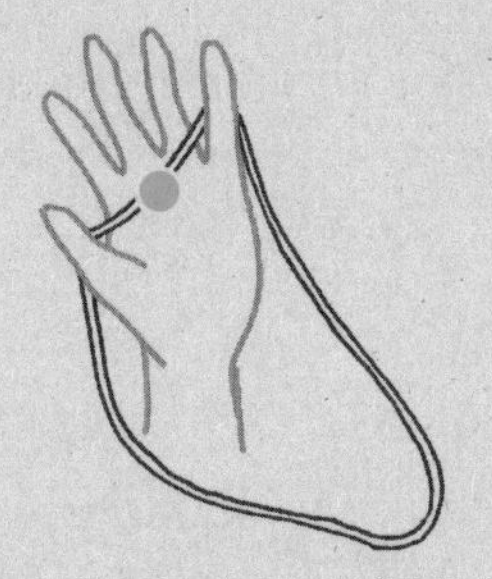

1
とるひも●の下から指を入れます。

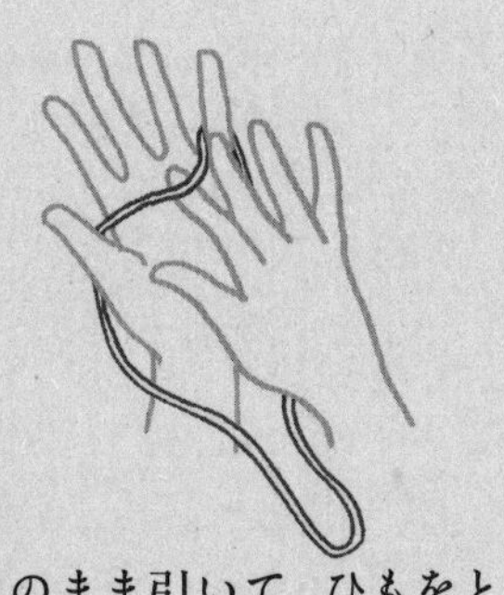

2
そのまま引いて、ひもをとります。

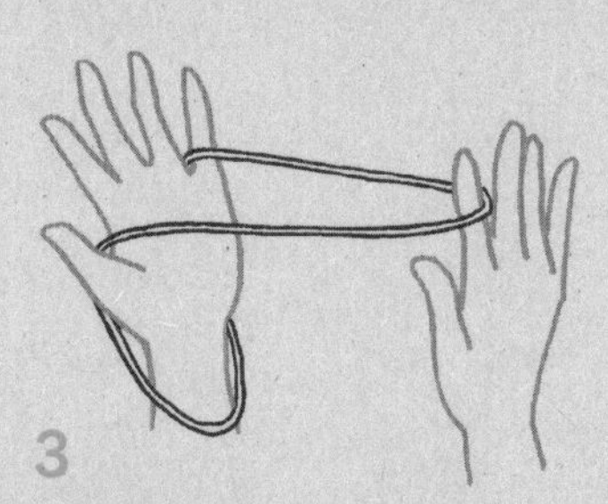

3
下からとったところです。

上からとる

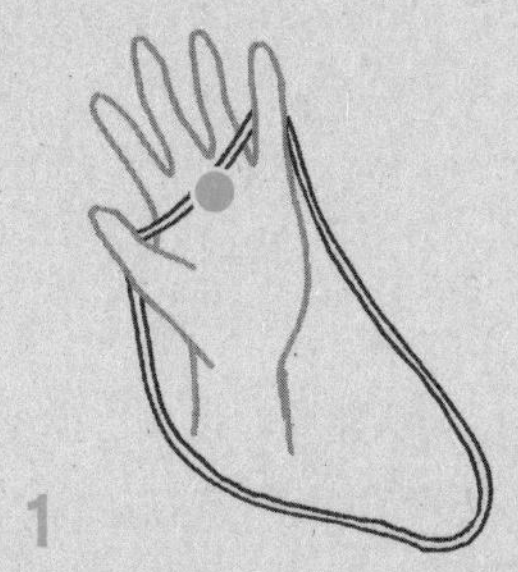

1
とるひも●の上から指を入れます。

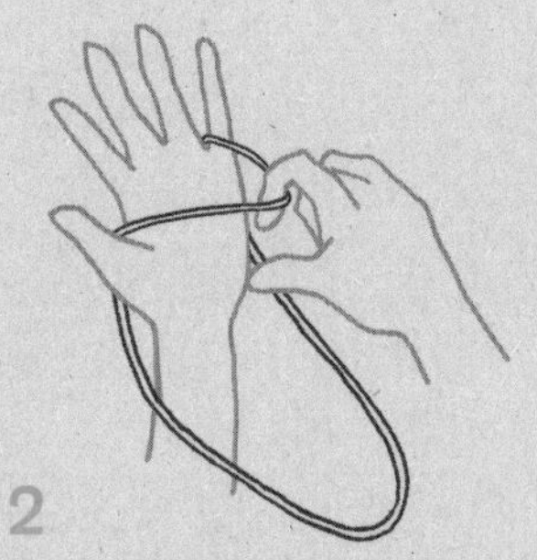

2
そのまま引いて、ひもをとります。

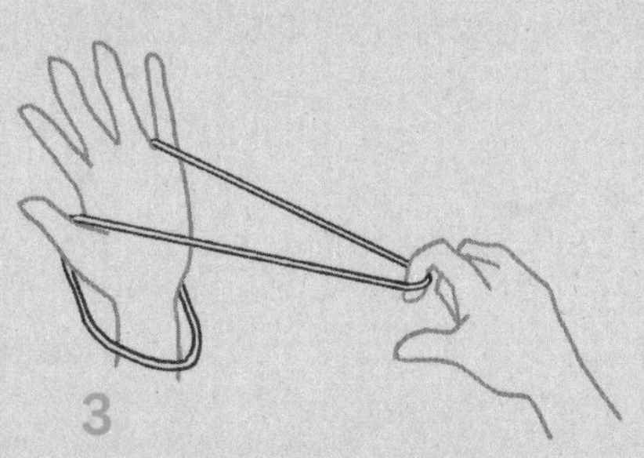

3
上からとったところです。

方向とひもの呼(よ)び方

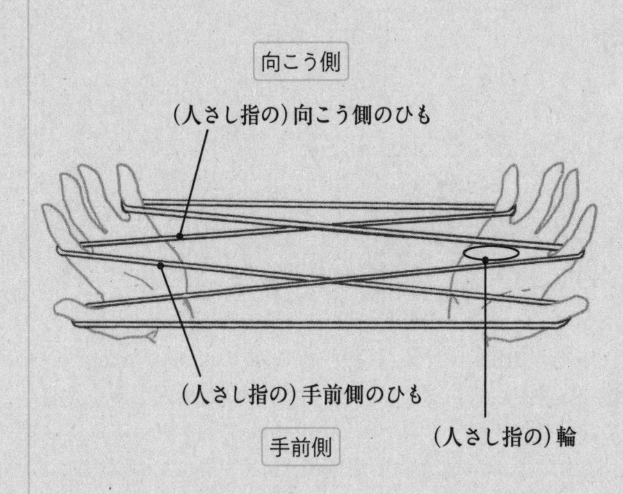

本書でのマークの意味

●○…とるひも、または目安になるひも
▼▽▲△…指を入れるところ
■□…はずすひも
◎◎…おさえるひも、または越(こ)すひも
◆◇…ナバホどり(p. 77参照)

基本のかまえ

いろいろなあやとりに共通する、はじめの形があるので覚えておきましょう。基本は3種類です。本書では、これらの「かまえ」は、手順をはぶいています。

はじめのかまえ

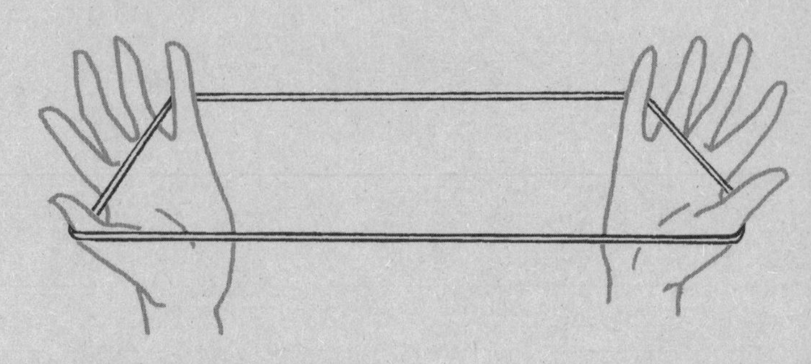

両手の親指と小指にひもをかけて、両手を向かい合わせた形が「はじめのかまえ」になります。

人さし指のかまえ

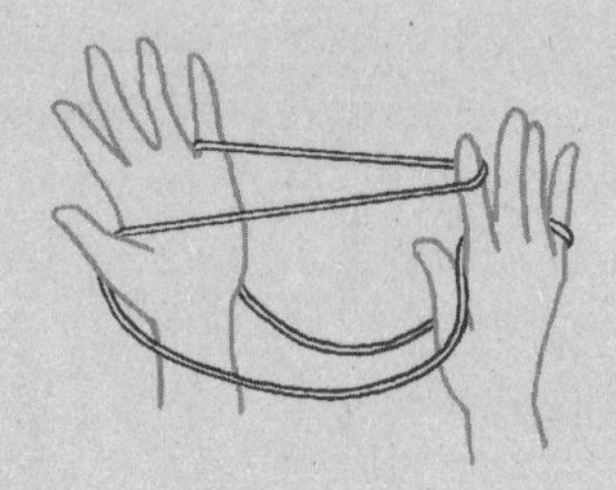

1
はじめのかまえから、右の人さし指で左の手のひらのひもを下からとります。

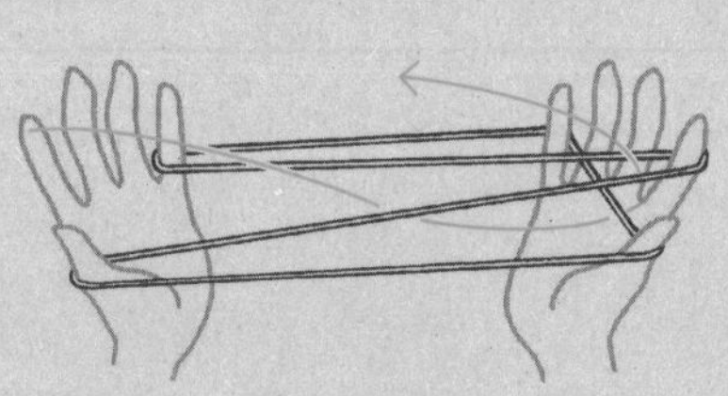

2
とったところ。左の人さし指で、右の人さし指の前を通るひもを下からとります。

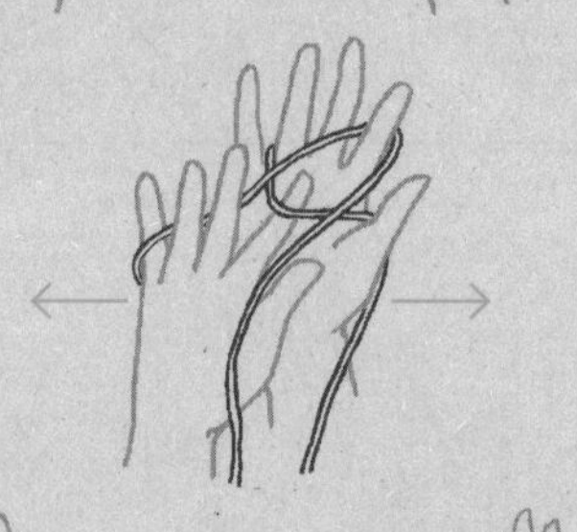

3
とっているところ。そのまま両手を左右に開きます。

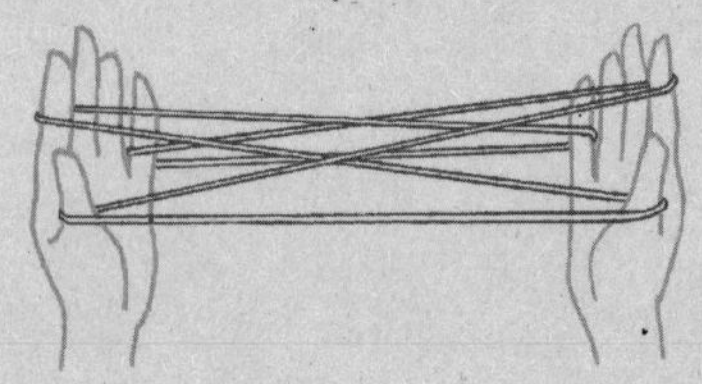

4
この形が「人さし指のかまえ」になります。オセアニアのあやとりに多く使われるかまえです。

中指のかまえ

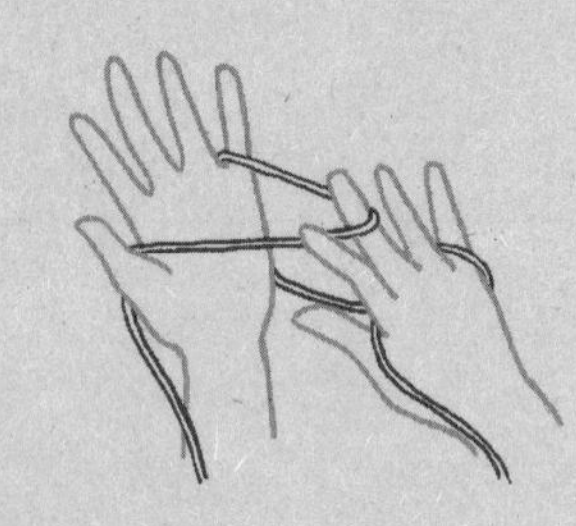

1
はじめのかまえから、中指で、「人さし指のかまえ」と同じようにひもをとります。

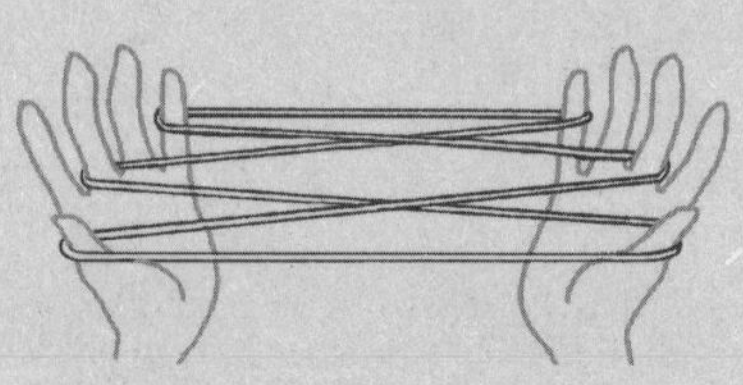

2
この形が「中指のかまえ」になります。

特徴的なとり方

ナバホどり

1本の指に2本以上のひもがかかっているときに、◇のひもを外さずに、◆のひもだけを外すとり方です。アメリカ南西部の先住民ナバホ族のあやとりに多く使われていることから名づけられました。

はじめのうちは……

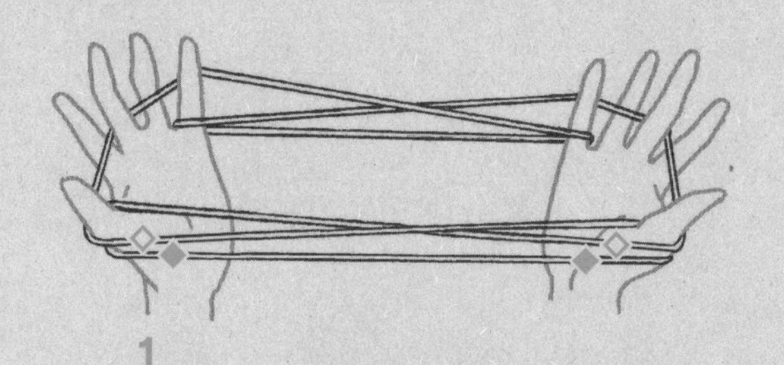

1

左を外すときは右手で◆をもち、◇を越すようにして外します。

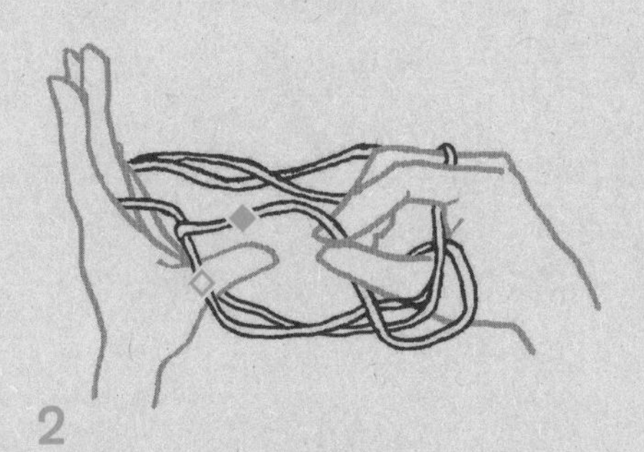

2

右側は手をかえて、同様に行います。

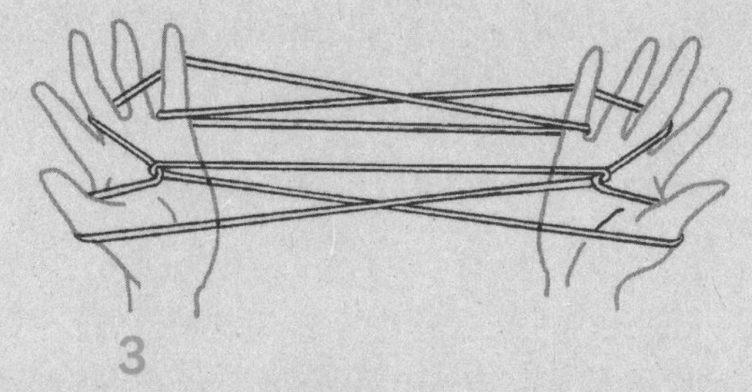

3

左右とも外した形です。

慣れてきたら……

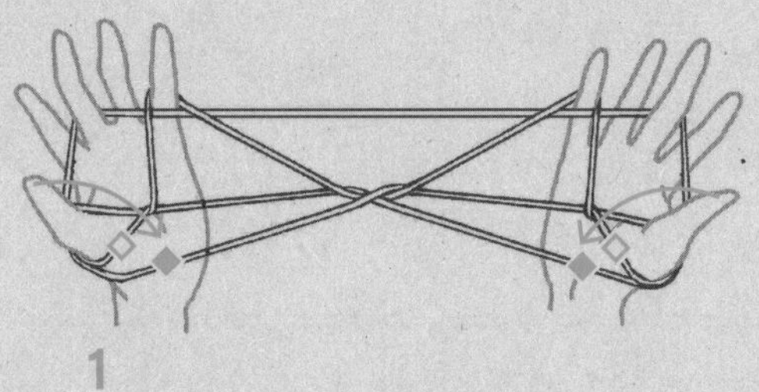

1

親指で前を通るひも◇を押さえます。

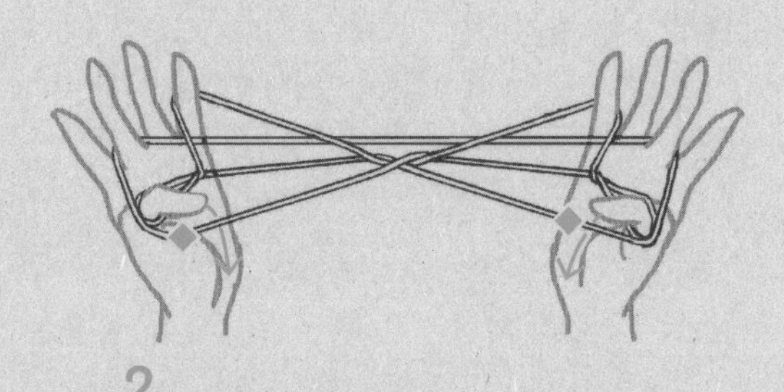

2

外側のひも◆が外れるように、親指を下げます。

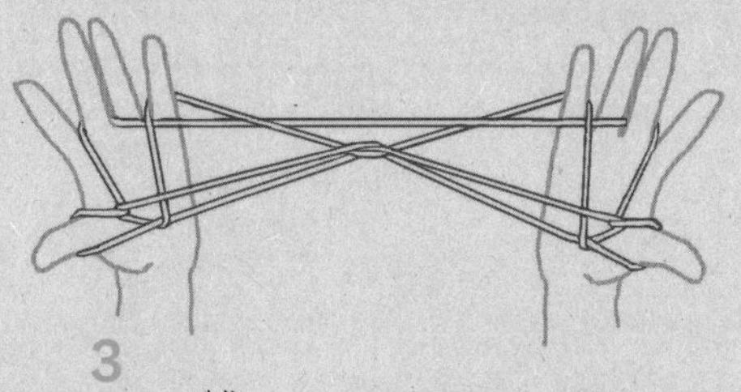

3

親指を戻すと、外した形になります。

ねじったところが持ち手になります

雪かきシャベル ▶ p.34

▶ p.34

A Snow Shovel

とりやすいひも●素材：アクリル、綿　長さ：160cm

初級

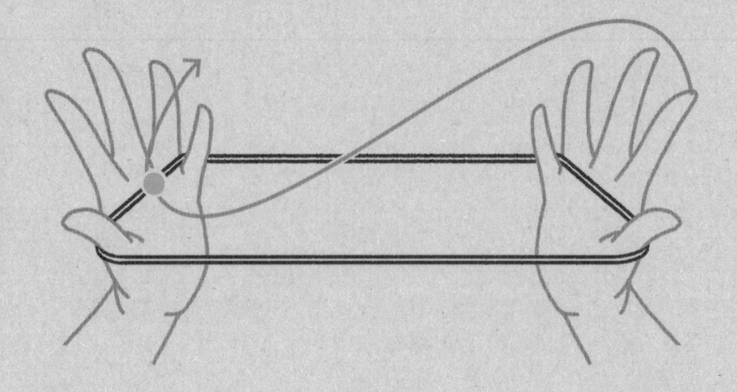

1

はじめのかまえ（p. 76）からはじめます。右人さし指で、左手のひらのひも●を、下からとります。

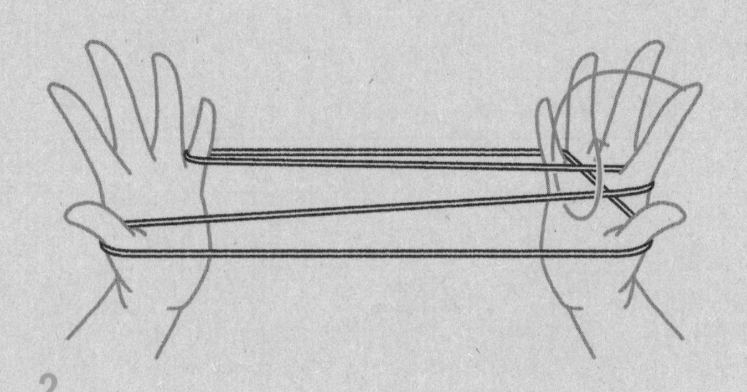

2

右人さし指を、向こう側・下・手前側と回し、右人さし指のひもをねじります。

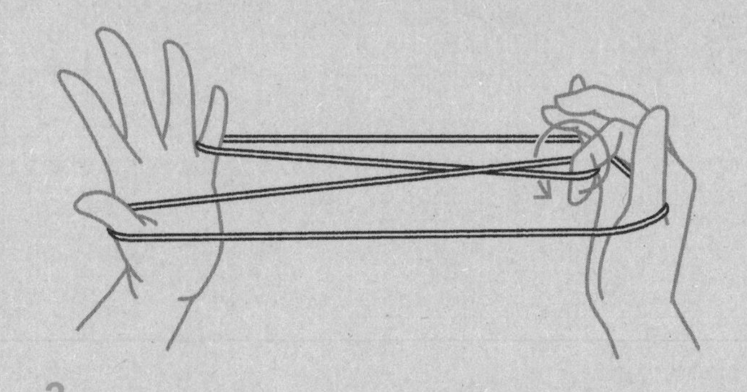

3

人さし指をねじっているところ。2をくり返し、合計4回ねじります。

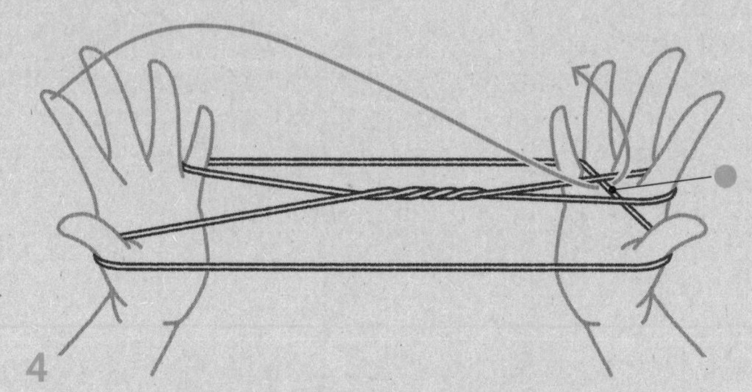

4

左人さし指で、右人さし指の前を通るひも●を、下からとります。

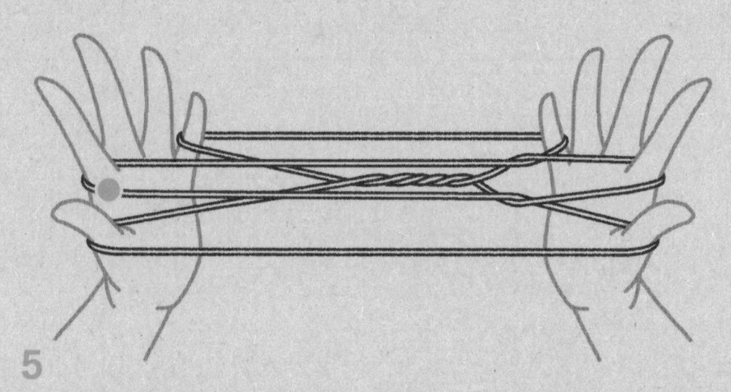

5

右手のひもをすべて外し、左人さし指のひも●を右手でとります。

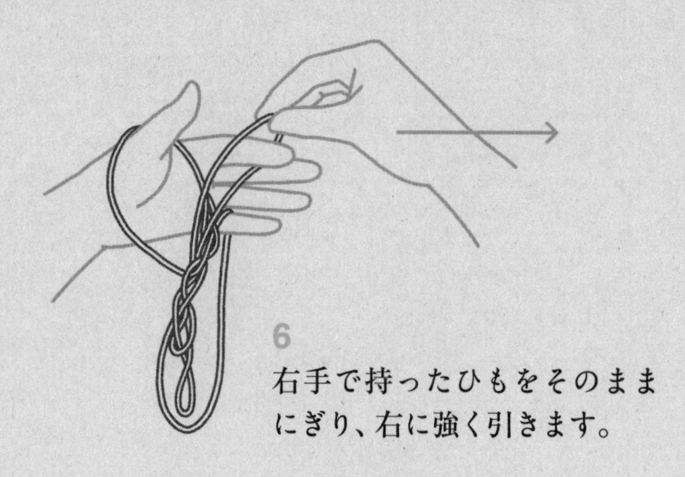

6
右手で持ったひもをそのまま
にぎり、右に強く引きます。

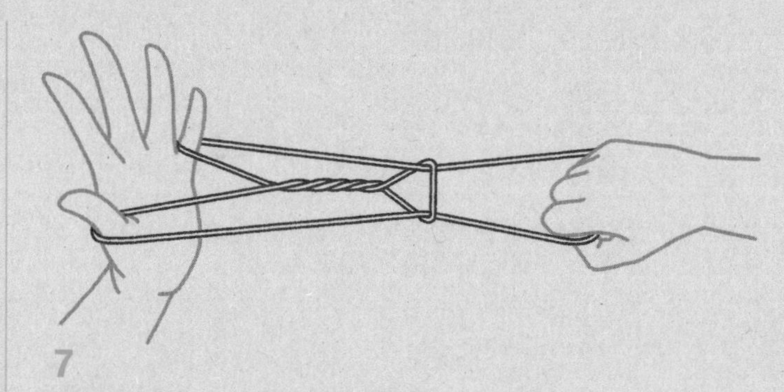

7
「雪かきシャベル」のできあがりです。

できあがり

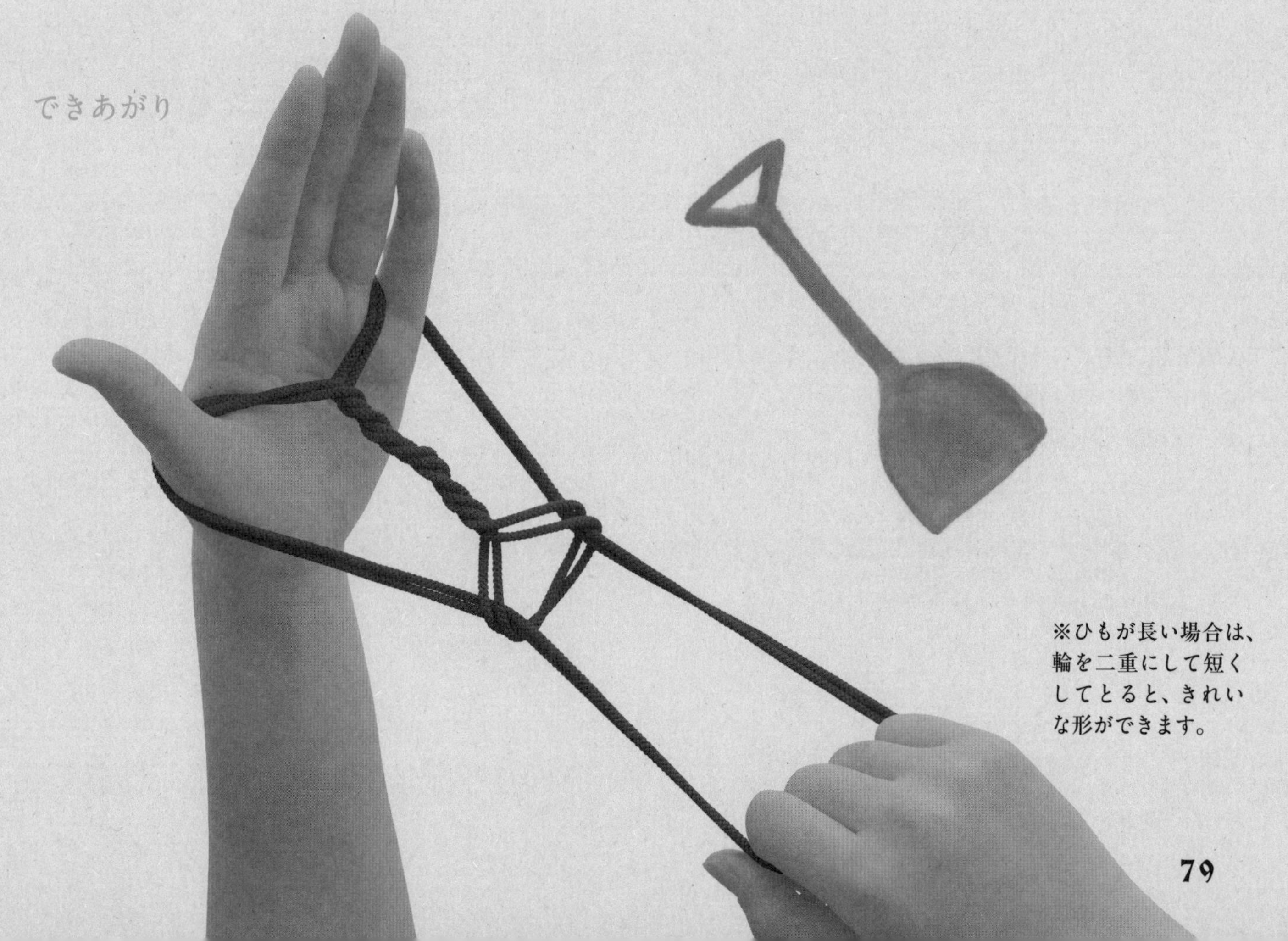

※ひもが長い場合は、
輪を二重にして短く
してとると、きれい
な形ができます。

家が壊(こわ)れたら、何が出てくるかな？

シベリアの家 ▶ p.18

Siberian House

とりやすいひも●素材：アクリル、綿　長さ：160〜180cm

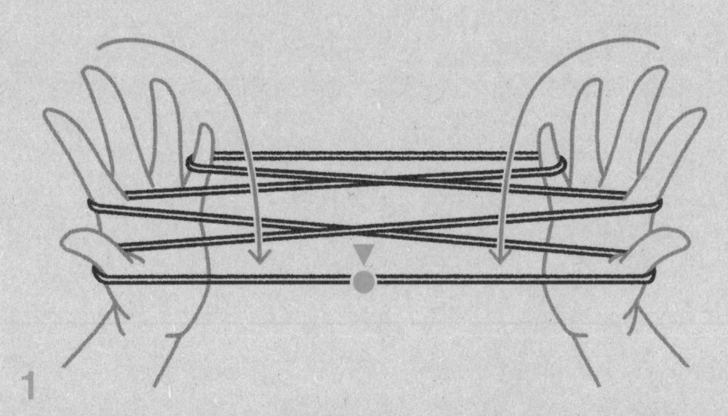

1

人さし指のかまえ（p. 76）からはじめます。親指の輪▼に、残りの4指を上から入れ、親指の手前側のひも●を小指側に送る「返しどり」をします。

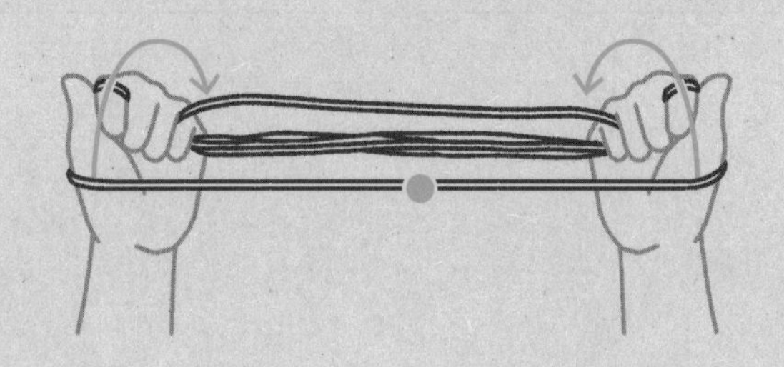

親指の輪に4指を入れたら、そのまま親指手前側のひも●以外をにぎります。●の下ににぎった手をくぐらせて、●を小指の向こう側へ送ります。

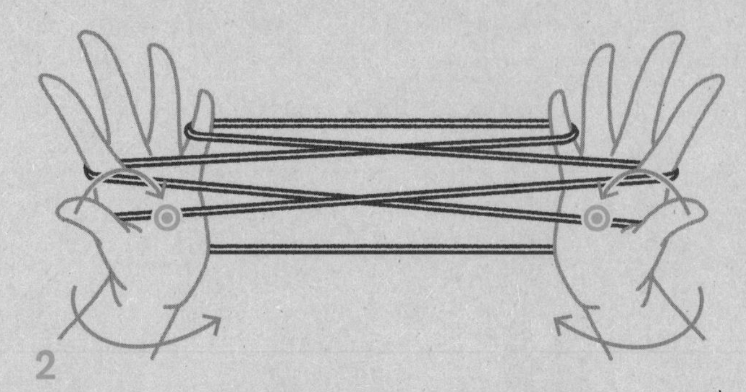

2

親指で、人さし指手前・下側のひも◎を上から押(お)さえ、手のひらを向こう側に向けます。

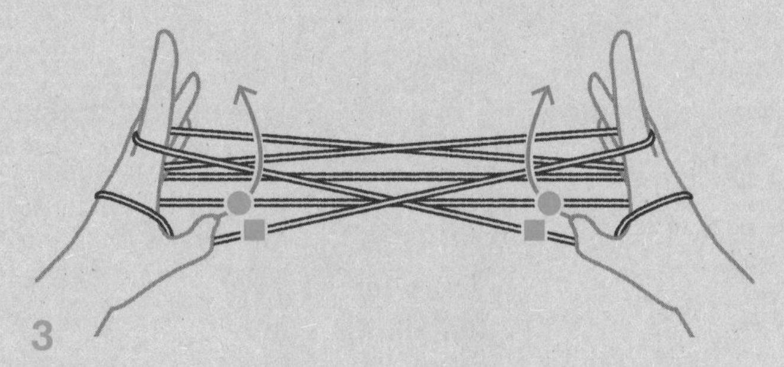

3

親指で、小指の向こう・下側のひも●を、下からとります。すると、自然に親指で押(お)さえていたひも■は外れます。

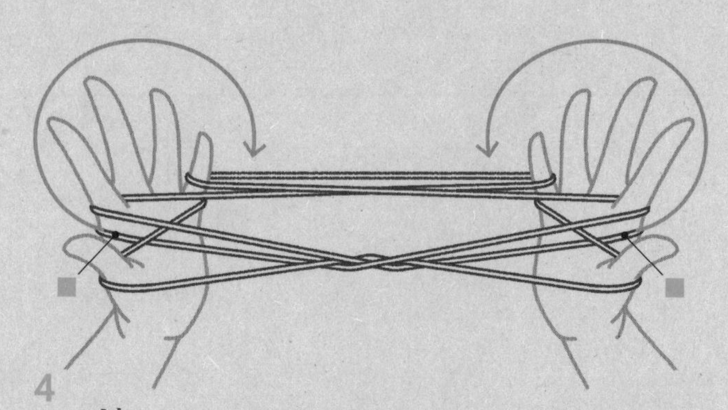

4

手の甲(こう)にかかっているひも■を、手のひら側に外します。

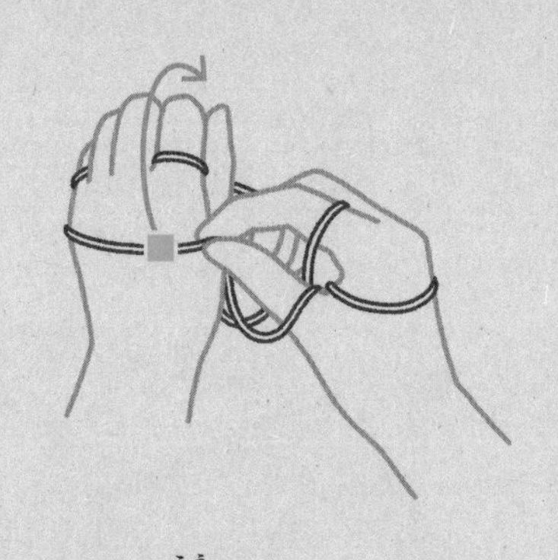

5

反対側の手で手の甲のひも■を外すとよいでしょう。他のひもが外れないように気をつけます。外したら、指を向こう側に向けて両手を左右に開きます。

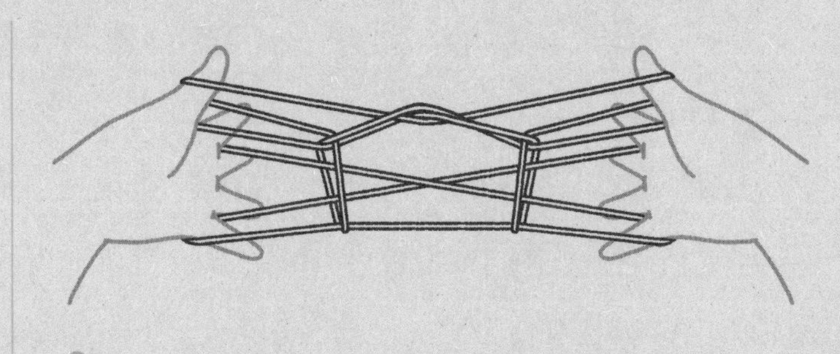

6

「シベリアの家」のできあがりです。

できあがり

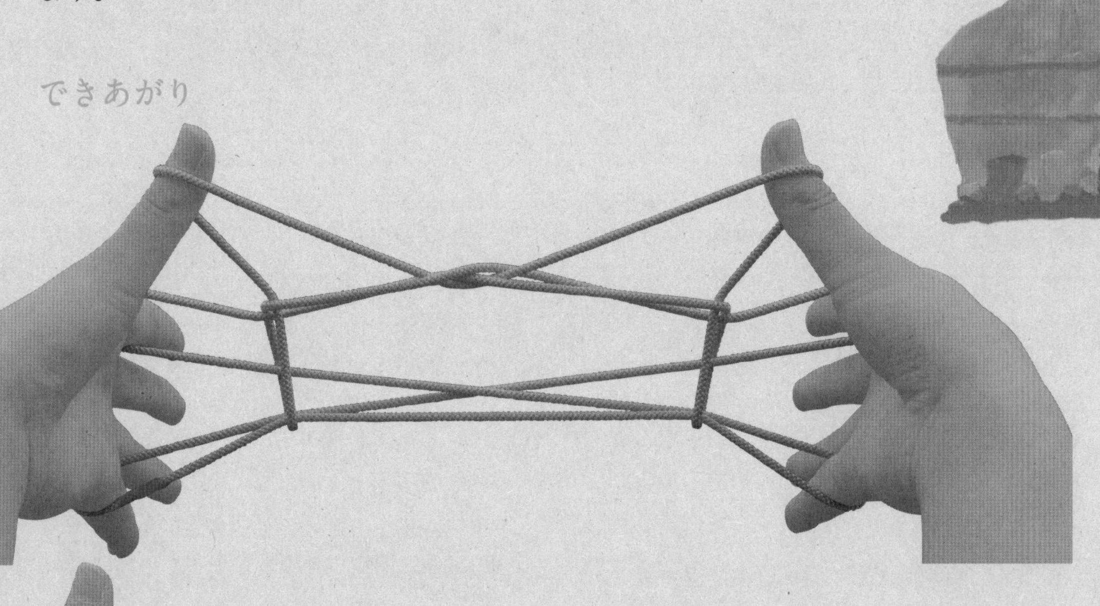

[遊び方]人さし指のひもを外し、ゆっくり左右に開くと、家が壊れ、ふたりの子どもが逃げていきます。

初級

ぐちゃっとしたひもから、カリブーが現れます

カリブー ▶ p.58

A Caribou

とりやすいひも●素材：アクリル、綿　長さ：160〜180cm

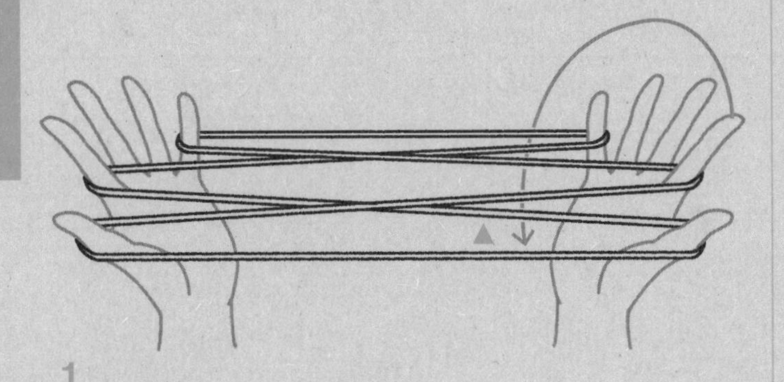

1

人さし指のかまえ（p. 76）からはじめます。右人さし指を、小指の向こう側のひもを越えて、ひもの下を通って戻り、親指の輪▲に下から入れます。

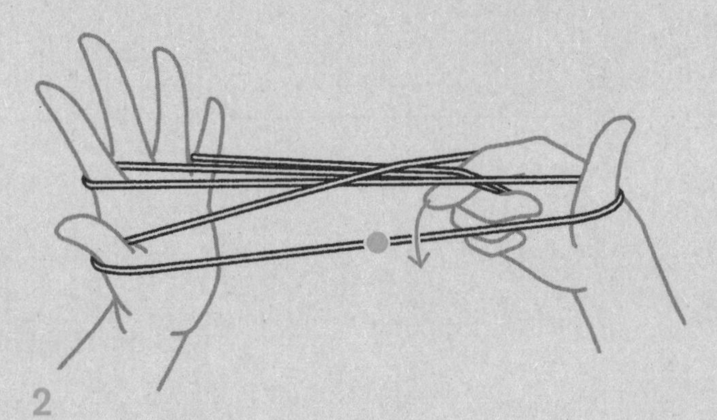

2

1の人さし指で、親指手前側のひも●を、上から引っかけます。

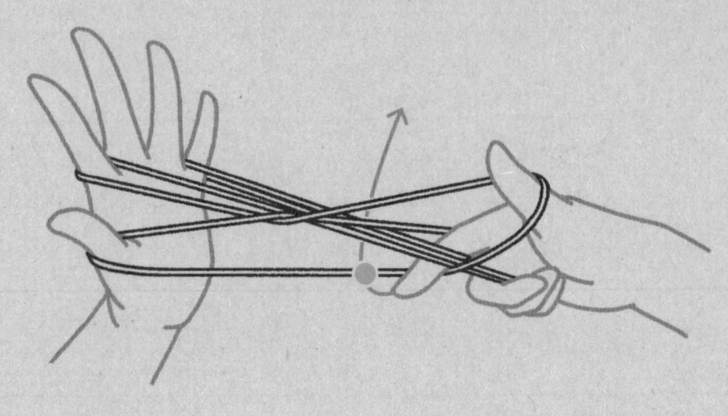

3

ひも●を引っかけた人さし指を、そのまま下・向こう側・上と回して、戻します。

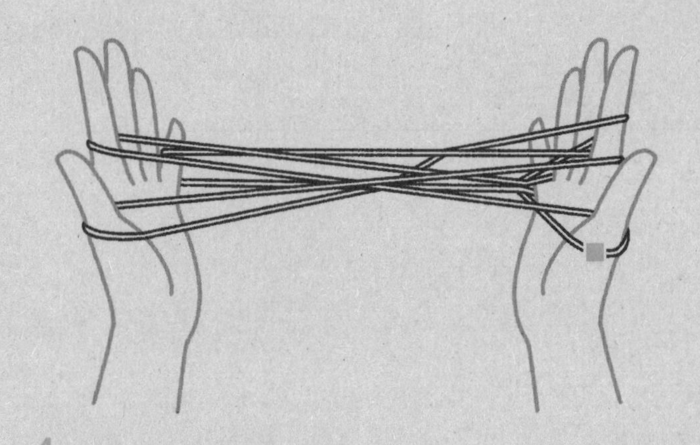

4

右親指のひも■を外します。

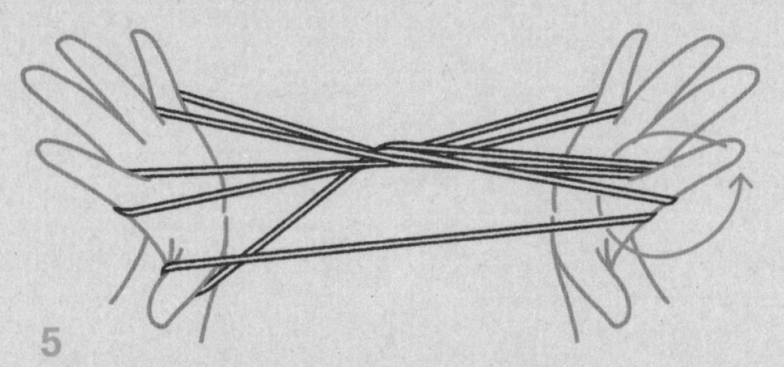

5

右人さし指を、向こう側・下・手前側、上と回し、人さし指にかかっている輪2本をひねります。

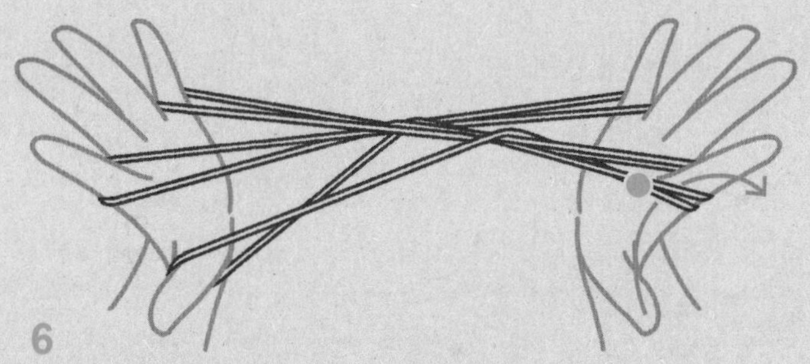

6

右親指で、人さし指の手前側のひも2本●を、下からとります。

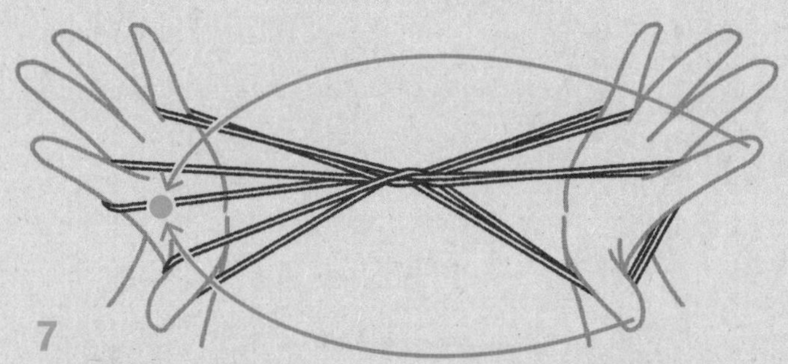

7

右親指と人さし指で、左人さし指の手前側のひも●を持ち、指から抜きとります。

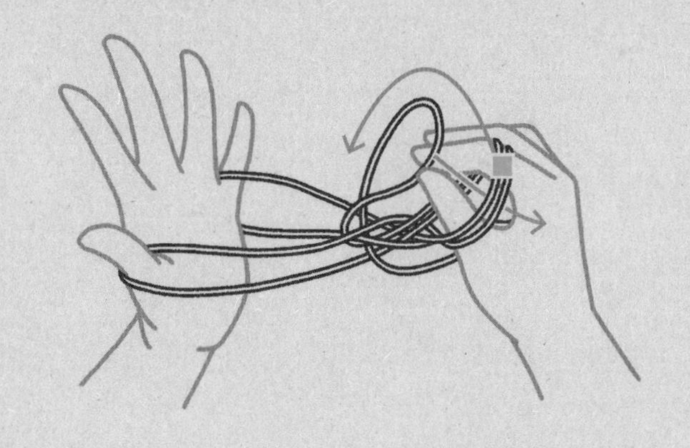

8

輪を持ったまま、右親指と人さし指のひも2本■を、外します。7でとったひもが、■の輪の間を通る形になります。

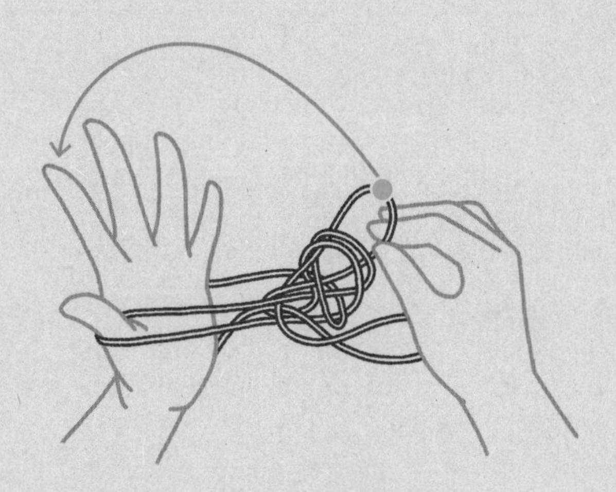

9

そのまま、持った輪を左人さし指に戻します。輪の向きを、7と変えないようにしましょう。

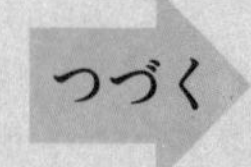

つづき

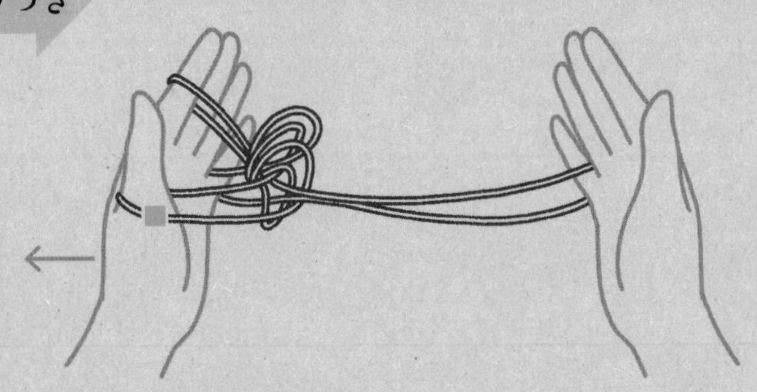

10

左親指のひも■を外し、指先を向こう側に向けながら、ゆっくり両手を左右に開きます。

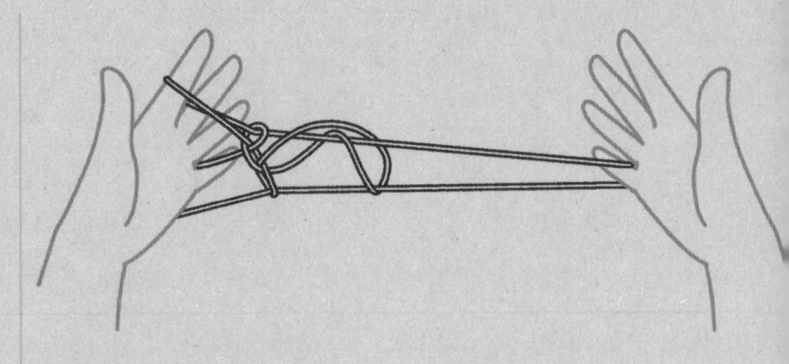

11

「カリブー」のできあがりです。

できあがり

できあがりからの変化がおもしろい

シベリアの家
2階建て ▶ p.20

The Tangarot People

とりやすいひも●素材：アクリル、綿　長さ：180〜200cm

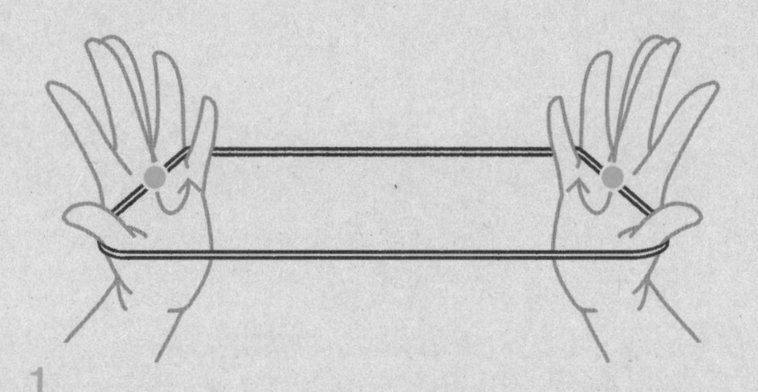

1
はじめのかまえ(p. 76)からはじめます。中指で、前を横切るひも●を、下からとります。

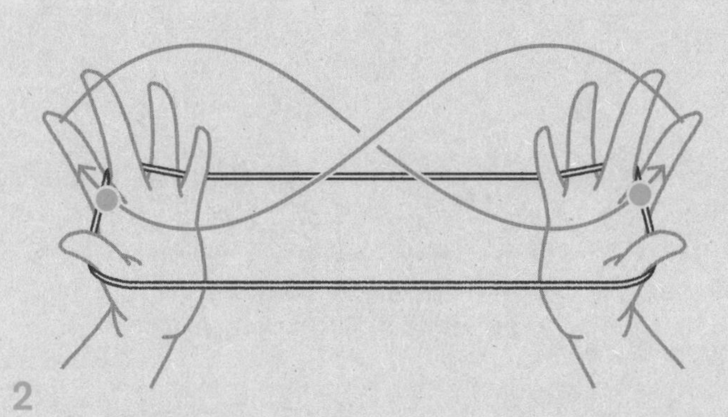

2
人さし指の前を通るひも●を、それぞれ左右反対の人さし指で、下からとり合います。

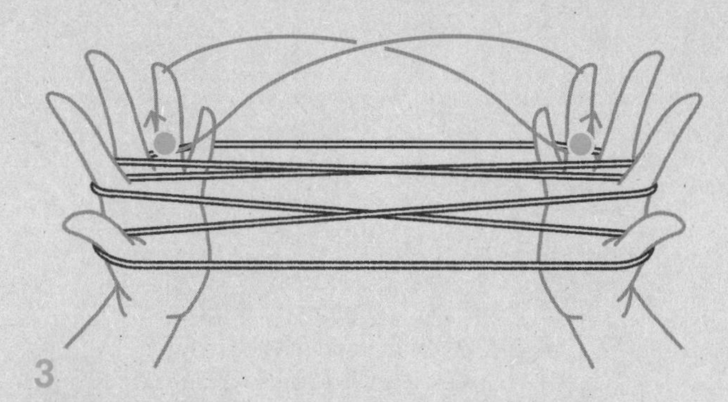

3
薬指の前を通るひも●を、それぞれ左右反対の薬指で、下からとり合います。

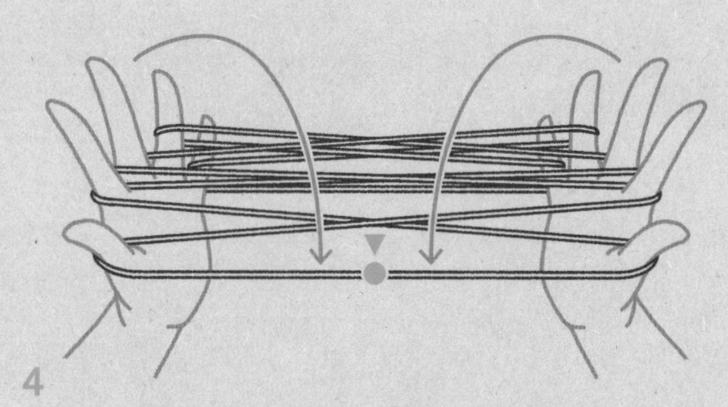

4
人さし指から小指までの4指を、親指の輪▼に、上から入れ、親指手前側のひも●を、小指の向こう側に送る「返しどり」をします。

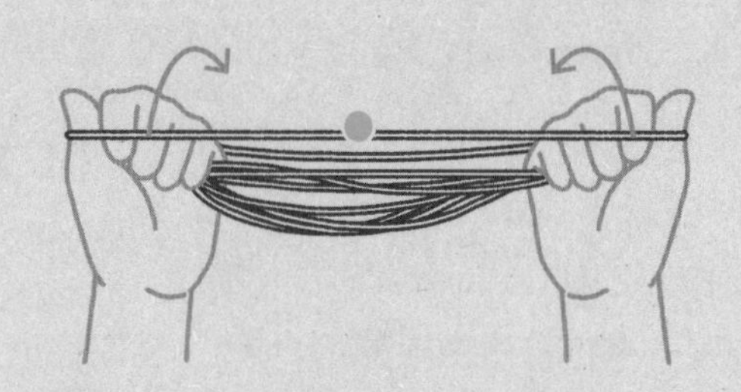

4指を入れたら、間のひもをにぎって、ひも●の下をくぐるようにするとよいでしょう。

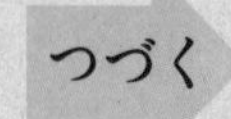

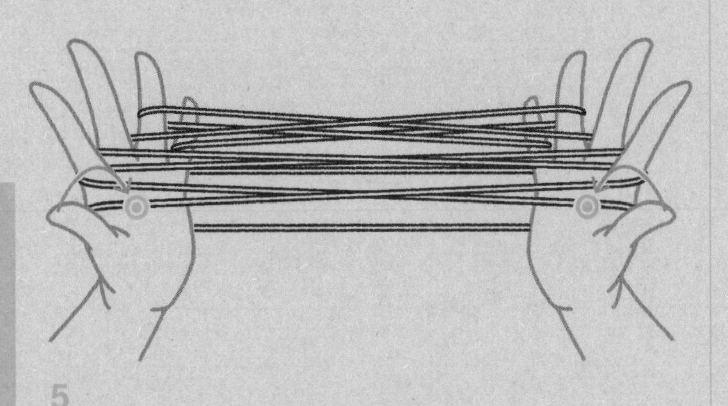

5

親指で、人さし指手前・下側のひも◎を、上から押(お)さえます。

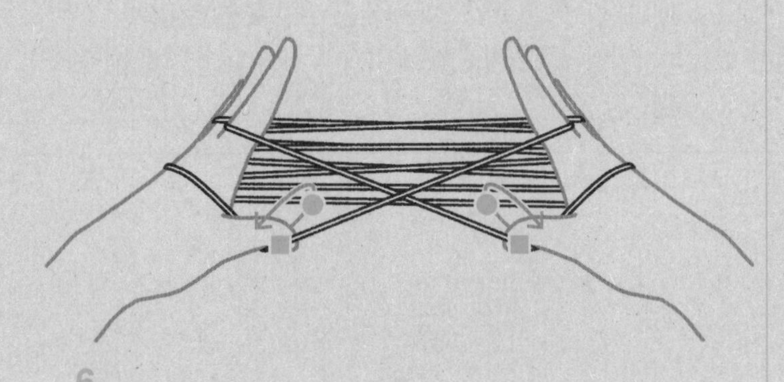

6

親指で、小指向こう・下側のひも●を、下からとります。すると、自然に5で押(お)さえたひも■は外れます。

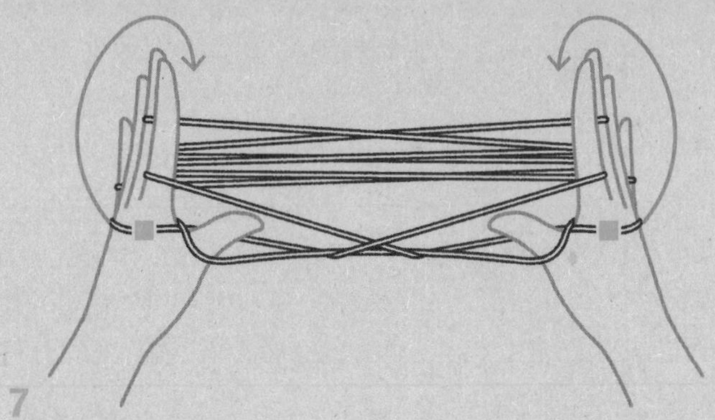

7

手の甲(こう)にかかっているひも■を、反対側の手のひら側に外します。

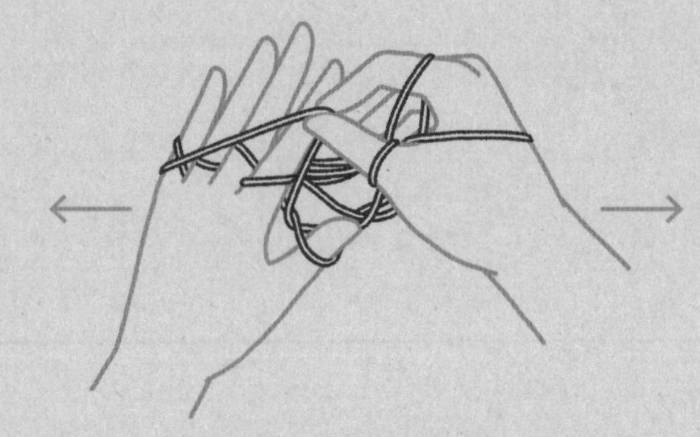

8

反対の手で、それぞれ外したら、指先を向こう側に向けて、両手を左右に開きます。

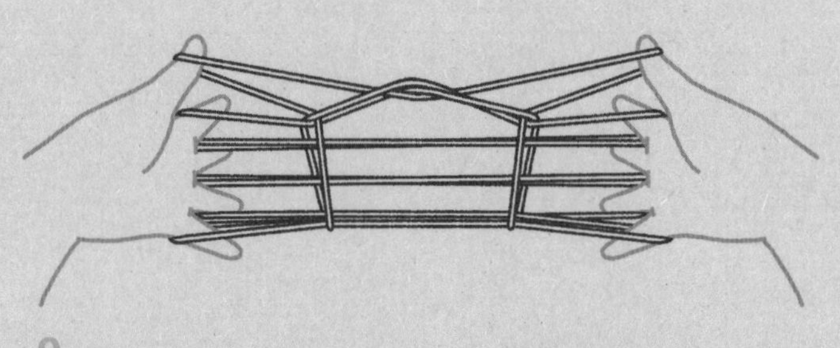

9

「シベリアの家2階建て」のできあがりです。

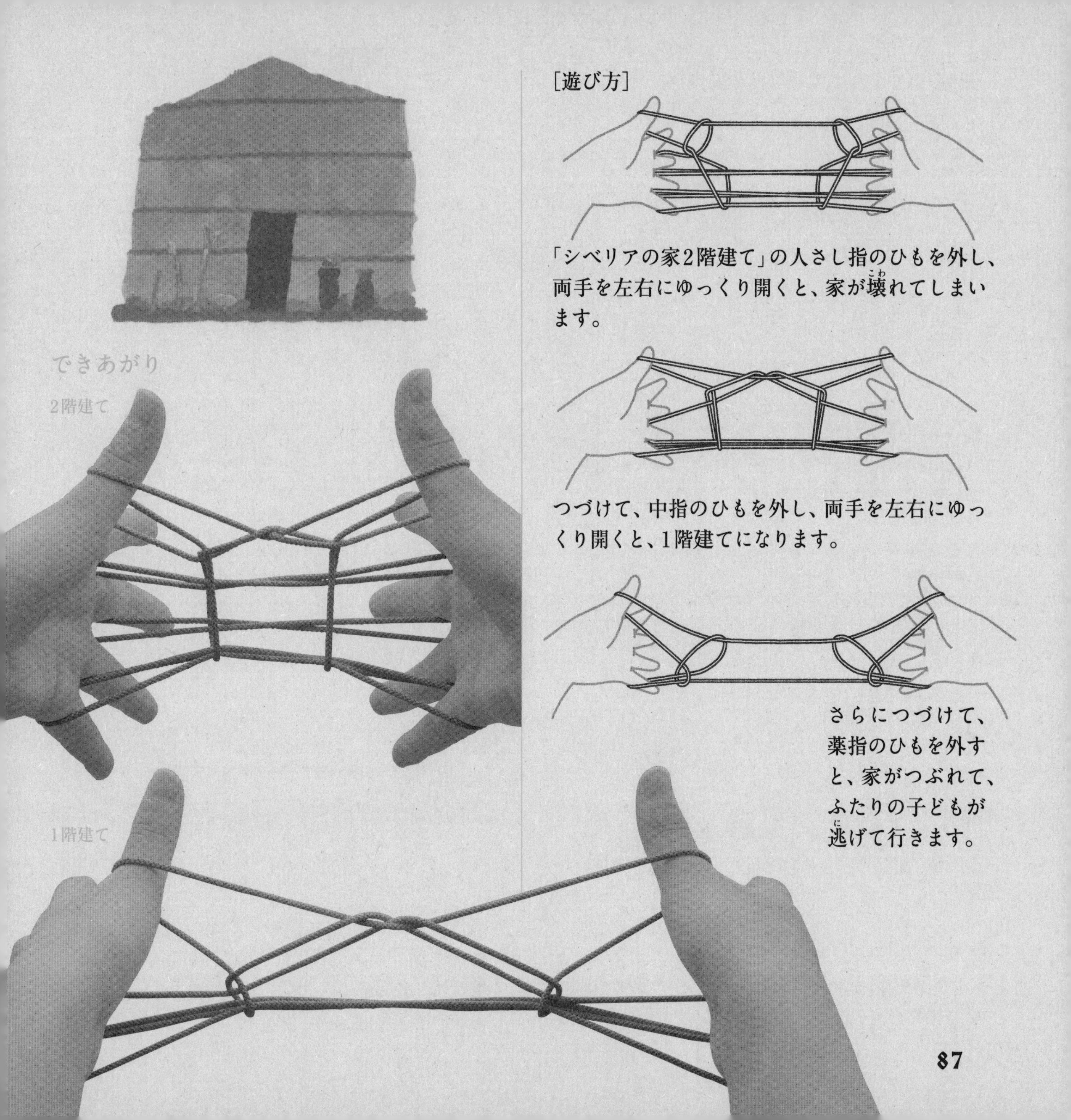

[遊び方]

「シベリアの家2階建て」の人さし指のひもを外し、両手を左右にゆっくり開くと、家が壊(こわ)れてしまいます。

つづけて、中指のひもを外し、両手を左右にゆっくり開くと、1階建てになります。

さらにつづけて、薬指のひもを外すと、家がつぶれて、ふたりの子どもが逃(に)げて行きます。

長めのあやとりで大きな翼を表現

かもめ ▶ p.38

Seagull

とりやすいひも●素材：アクリル、綿　長さ：180〜200cm

中級

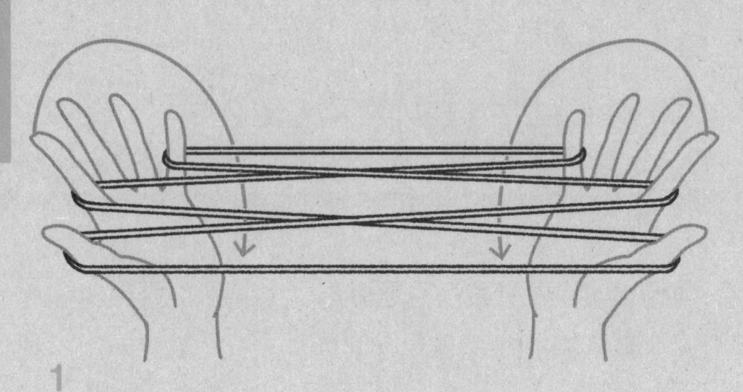

1

人さし指のかまえ（p. 76）からはじめます。人さし指を、小指の向こう側のひもを越えて、下に向けます。

2

1の人さし指を、親指の輪▲に下から入れ、親指手前側のひも●を、上から引っかけます。

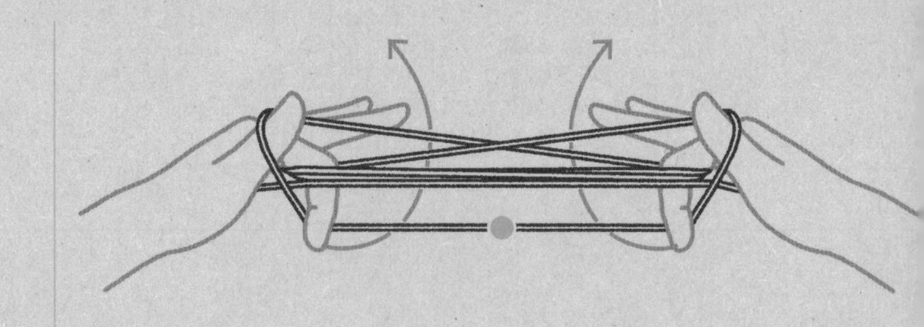

3

ひも●を引っかけた人さし指を、そのまま下・向こう側・上と回して、戻します。

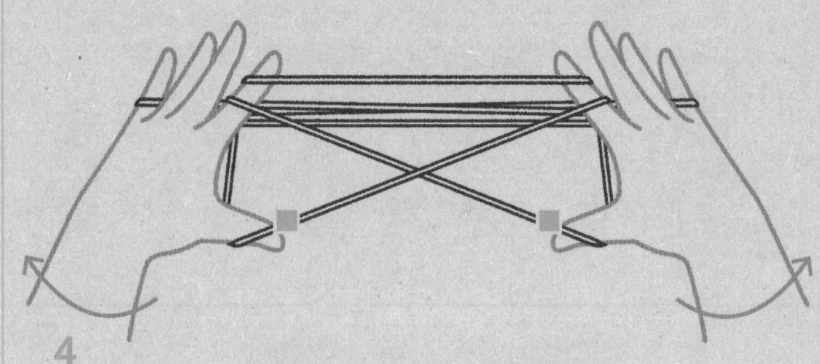

4

親指のひも■を外し、手のひらを向かい合わせます。

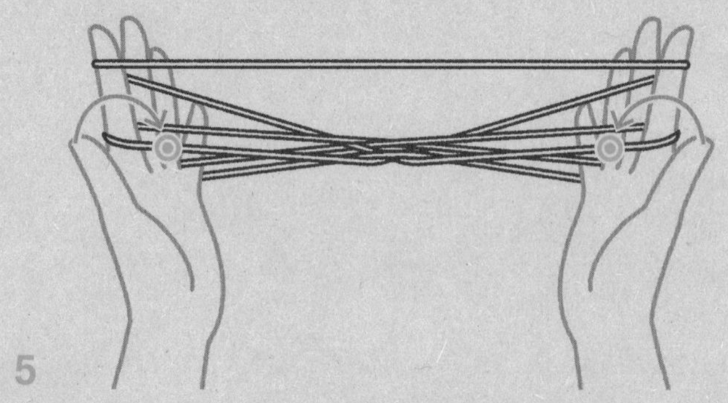

5

親指で、人さし指の手前・下側のひも◎を、上から押さえます。

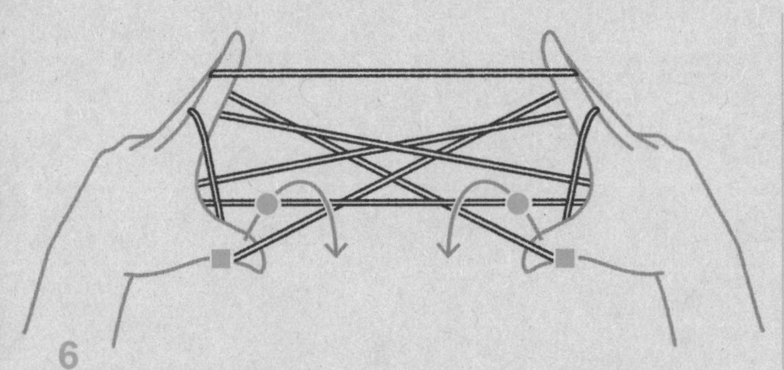

6

5の親指で、小指向こう側のひも●を下からとります。親指で押(お)さえたひも■は自然に外れます。

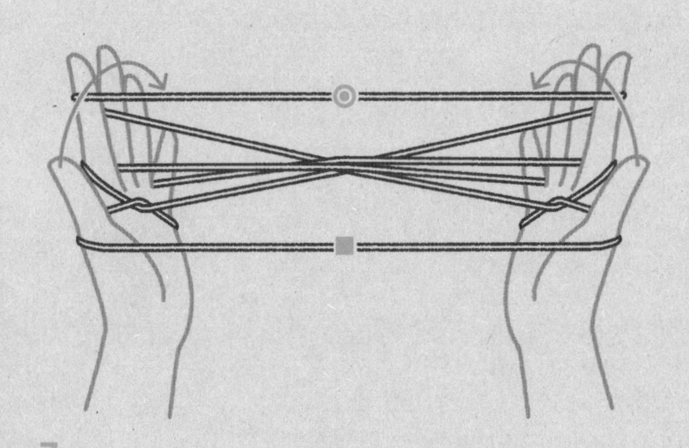

7

親指で、人さし指の手前・上側のひも◎を上から押(お)さえます。親指にかかっていたひも■は自然に外れます。押(お)さえにくい場合は、中指・薬指・小指で、関係のないひもをにぎるとよいでしょう。

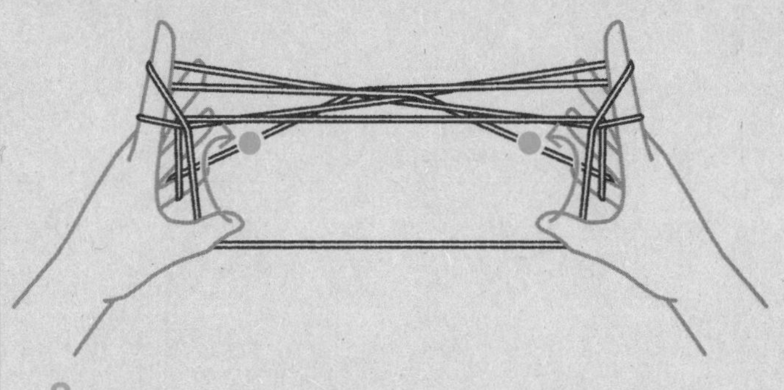

8

7の親指を、小指手前側の斜(なな)めのひも●に、上からのせます。

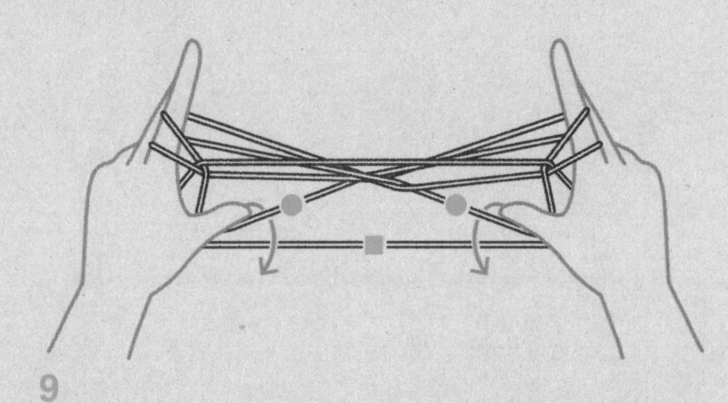

9

つづけて、8でのせたひも●を、親指の背(せ)でとりながら、親指にかかっているひも■を外します。

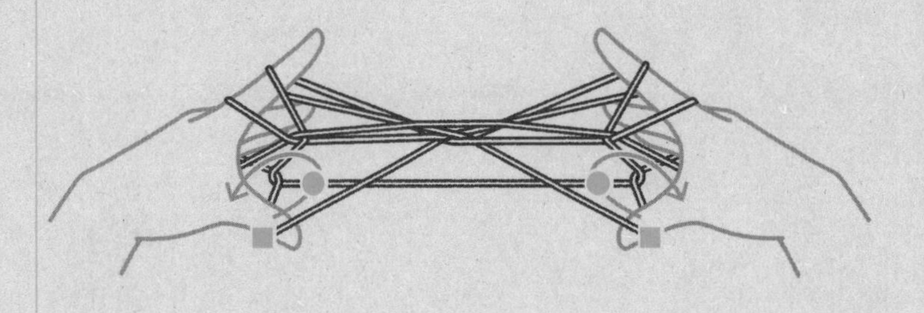

10

9で外したひも●を、親指で下からとります。親指のひも■は自然に外れます。

つづく

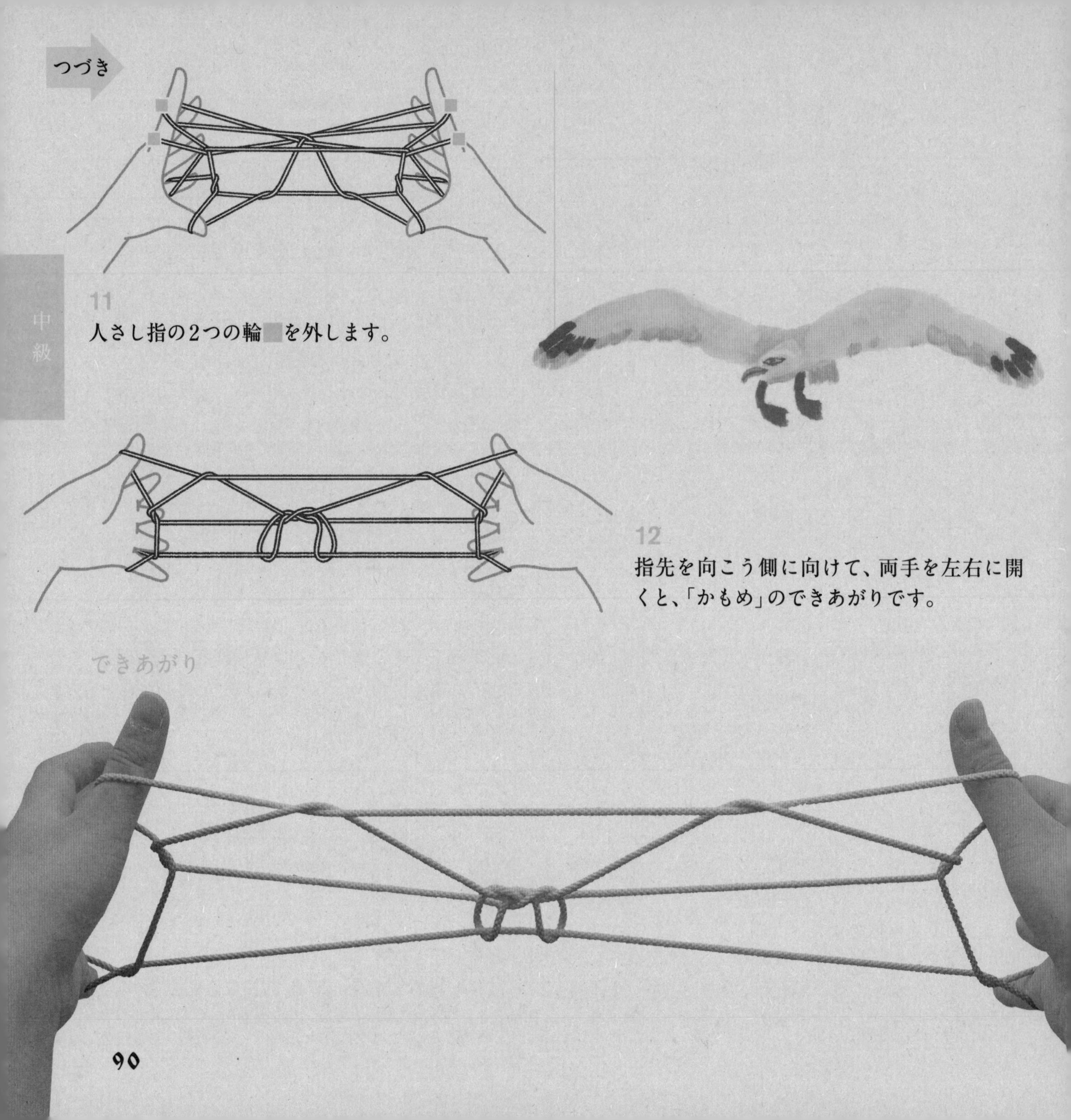

11

人さし指の2つの輪■を外します。

12

指先を向こう側に向けて、両手を左右に開くと、「かもめ」のできあがりです。

できあがりの形はシンプルだけど……

口 ▶ p.24

Mouth

とりやすいひも●素材：アクリル、綿　長さ：160〜180cm

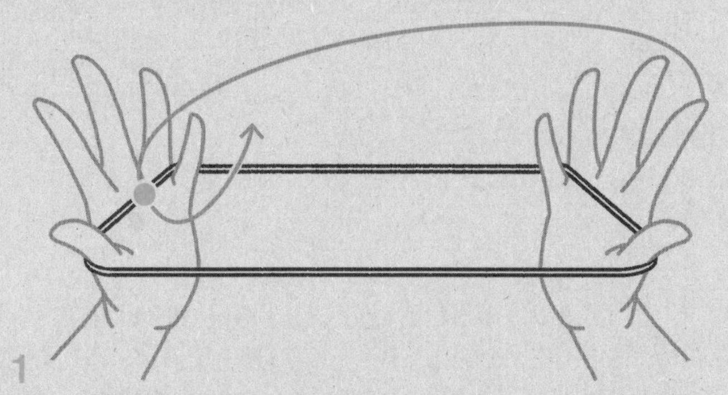

1

はじめのかまえ(p. 76)からはじめます。右人さし指で、左手のひらを横切るひも●を、上から引っかけてとり、指先を向こう側から上にむけて輪をねじります。

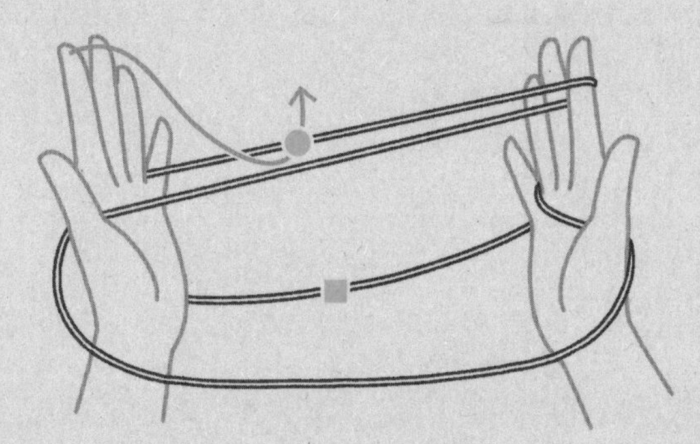

2

左人さし指で、左小指手前側のひも●を、下からとります。つづいて、小指のひも■を外して、両手を左右に開きましょう。

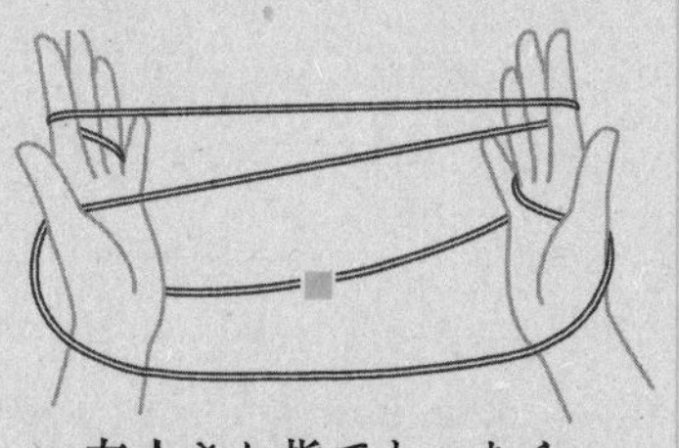

左人さし指でとったら、小指のひも■を外します。

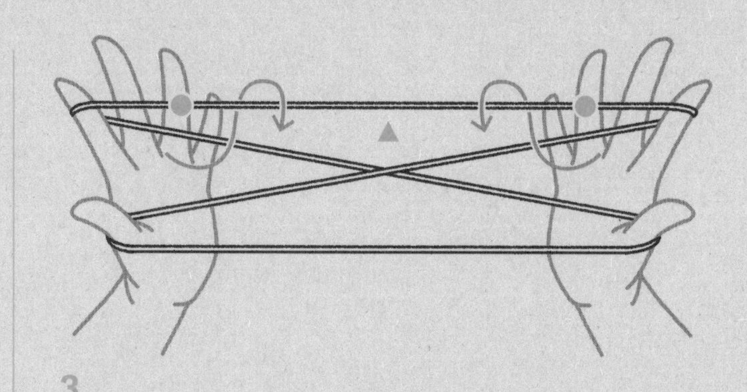

3

中指・薬指・小指を、人さし指の輪▲に下から入れ、人さし指手前側のひも●をにぎります。

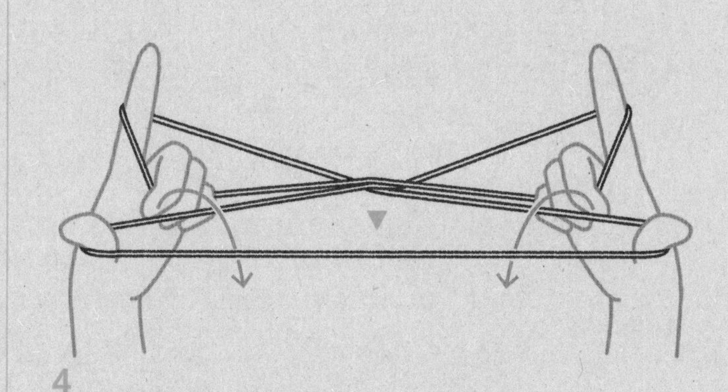

4

中指を、親指の輪▼に上から入れます。

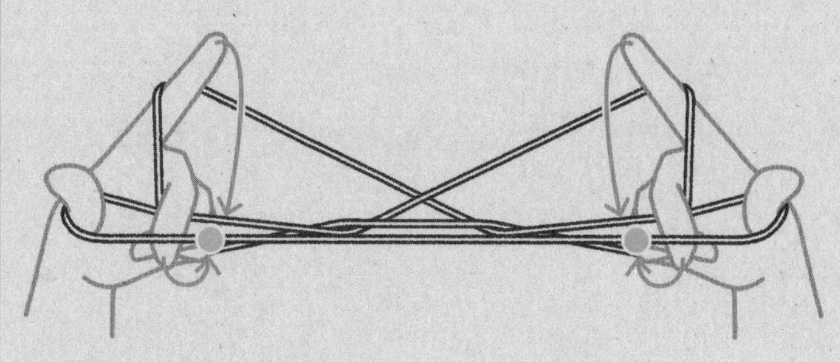

5

親指手前側のひも●を、人さし指で上から、中指で下からはさみます。

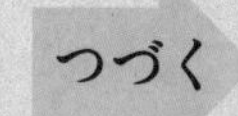

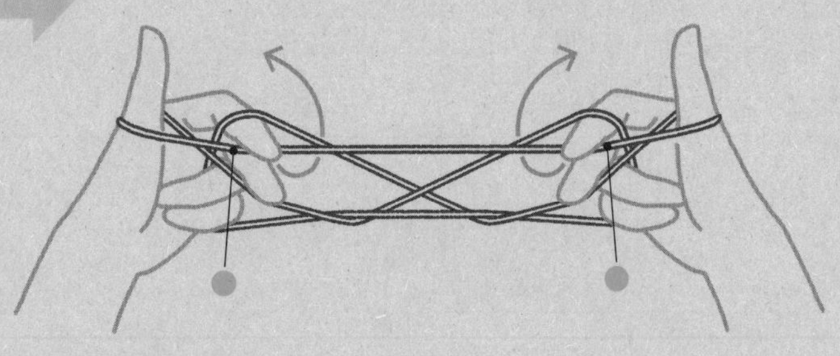

6
5のひも●をはさんだまま、人さし指と中指の指先を、下・向こう側・上へと回し、●を人さし指に引っかけるようにして、とります。

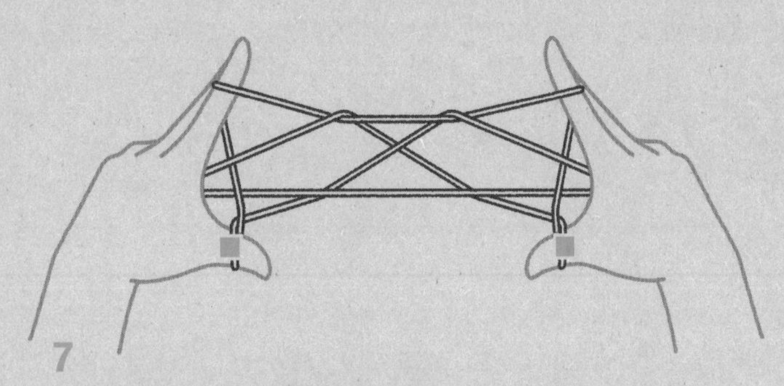

7
親指の輪■を外します。

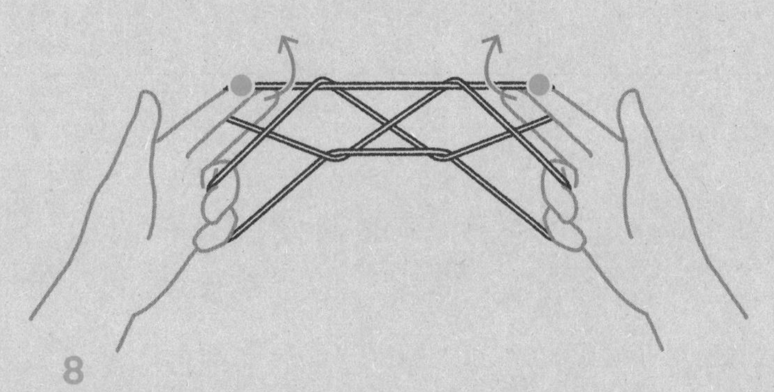

8
中指で、人さし指手前側のひも●を下からとり、人さし指の輪をかけ替えます。

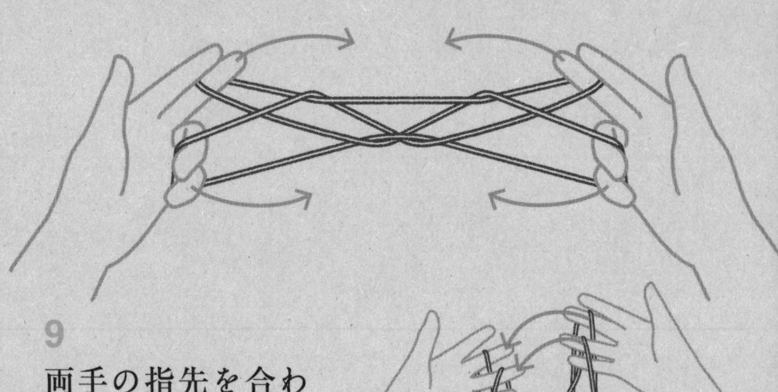

9
両手の指先を合わせ、右手のひもを左手のそれぞれの指に移します。

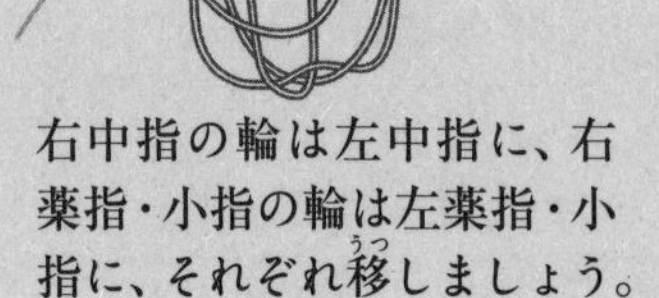

右中指の輪は左中指に、右薬指・小指の輪は左薬指・小指に、それぞれ移しましょう。

10
右の親指以外の4指を、左薬指・小指の輪に、指先側から入れます。

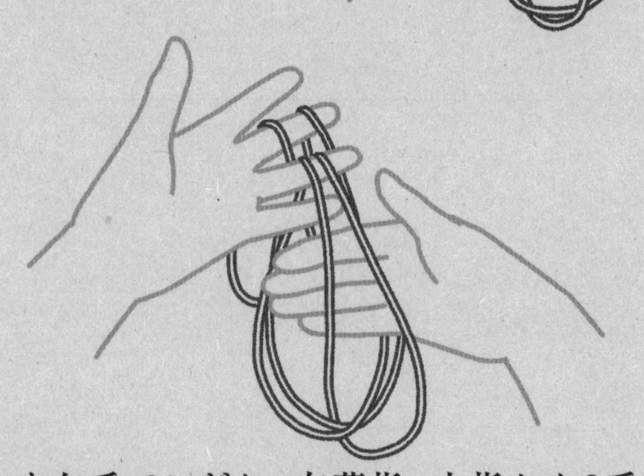

11
そのまま右手でにぎり、左薬指・小指から2重の輪を抜きとります。

12
左の2重の輪の向こう側から、左の親指以外の4指を入れてにぎります。

13
親指をそれぞれの輪に手前から入れて持ち上げ、両手を左右に開いたら、「口」のできあがりです。

できあがり

[遊び方]手首を軸(じく)にして、親指を外側・内側に動かすと、中央の口がパクパクおしゃべりしているように見えます。

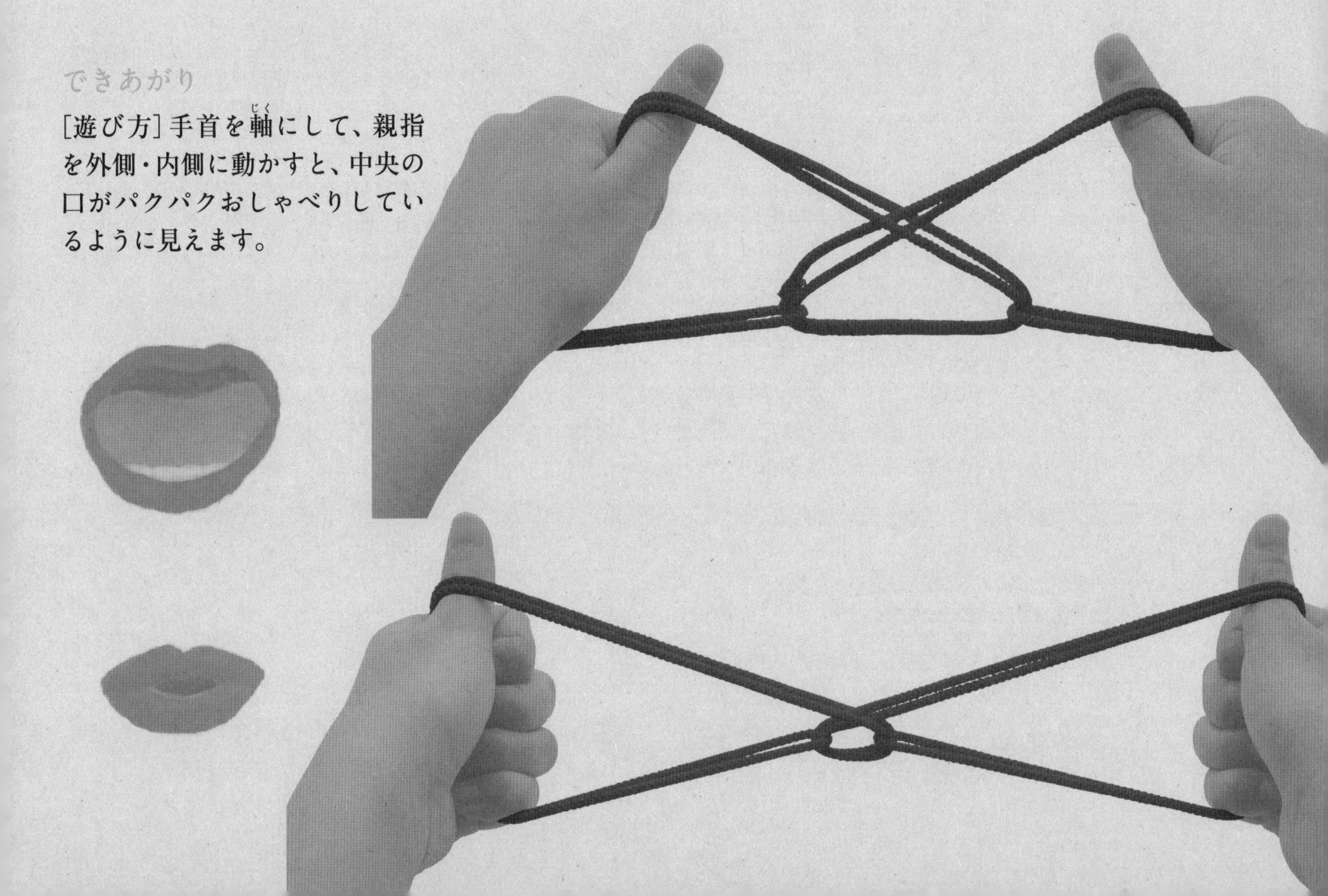

複雑に編んでから、
ひもを外して両手を開くと……

2匹の子鹿 ▶ p.48

Two Fawns

とりやすいひも●素材：アクリル、綿　長さ：180〜200cm

中級

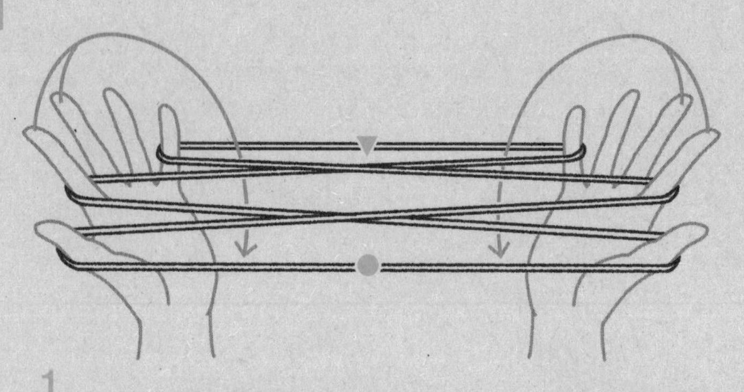

1

人さし指のかまえ（p. 76）からはじめます。人さし指と中指をそろえ、小指の輪▼に上から入れ、人さし指のひもの下を通り、親指の手前側のひも●を、人さし指で上から、中指で下からはさみます。

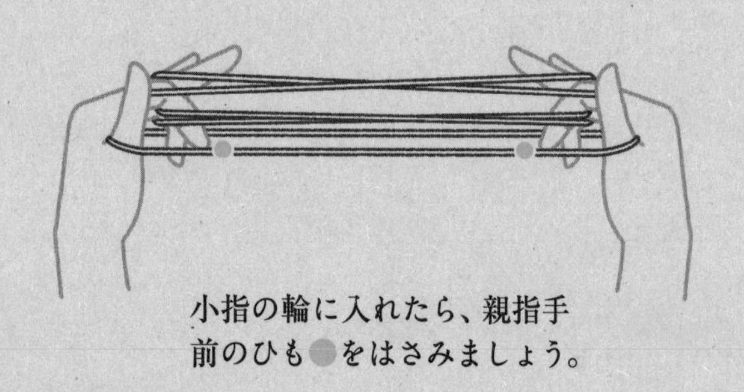

小指の輪に入れたら、親指手前のひも●をはさみましょう。

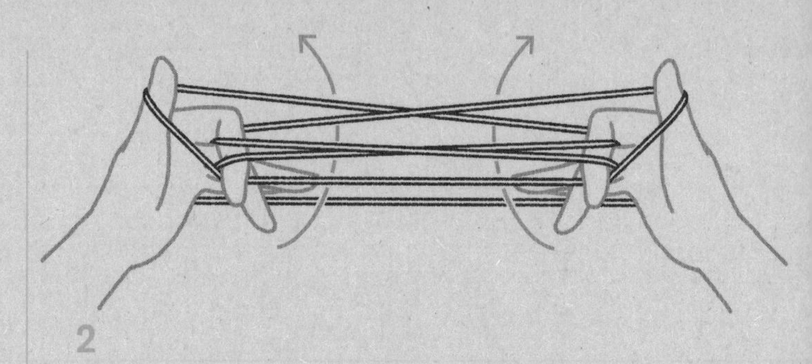

2

はさんだまま、人さし指と中指の指先を、向こう側・上と回し、元に戻すと、ひもは人さし指にかかった形になります。このとき、他のひもが外れないように気をつけましょう。

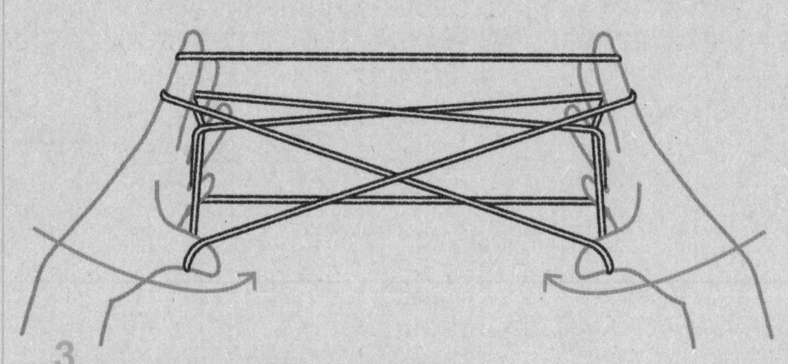

3

両手のひらを、向こう側に向けます。

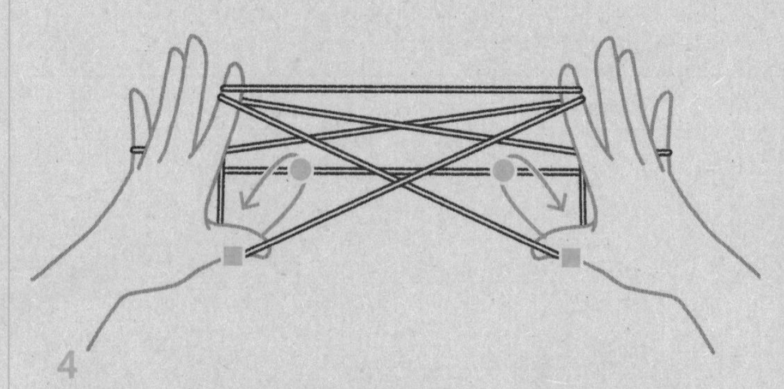

4

親指で、小指の向こう側のひも●を、下からとります。すると、自然に親指のひも■は外れます。

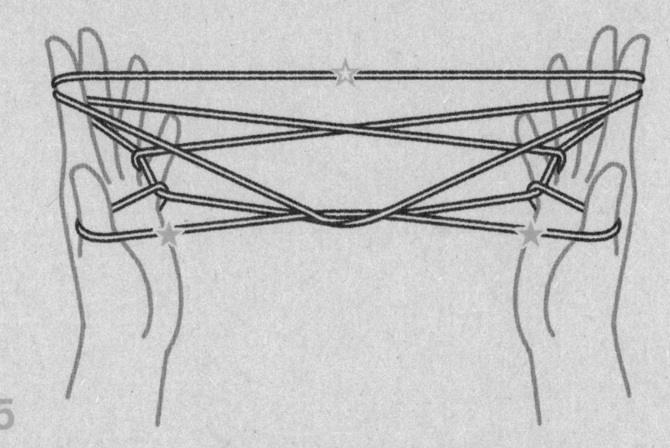

5

中指・薬指・小指で、次の2本以外のひもをすべて、手のひらににぎります。親指手前側のひも★と左右の人さし指をまっすぐ結ぶひも☆はにぎりません。

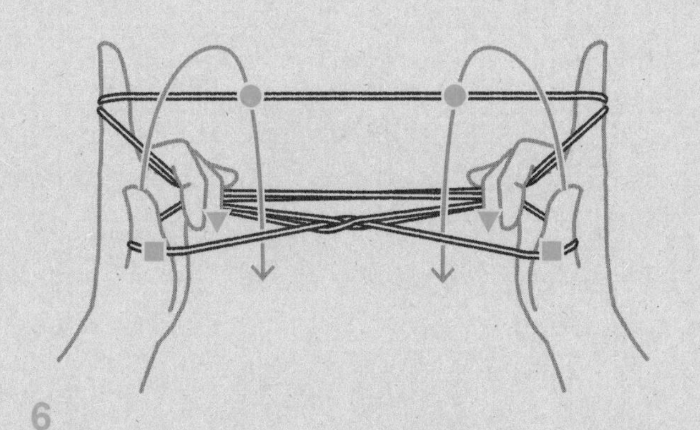

6

親指で、左右の人さし指を結ぶひも●を、上から押さえ、親指の輪▼から引き抜きます。親指のひも■は自然に外れます。

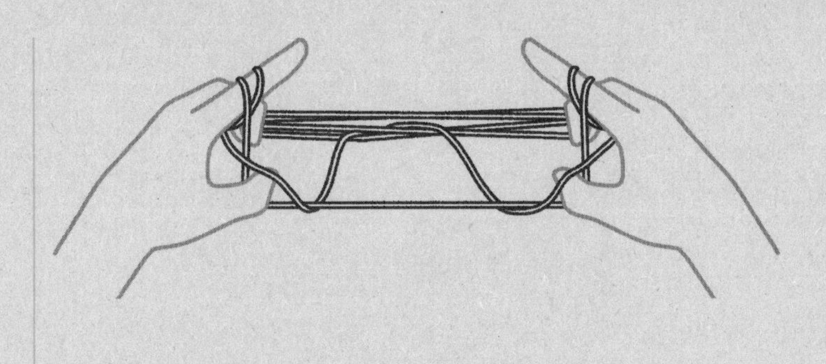

7

5でにぎったひもを外します。

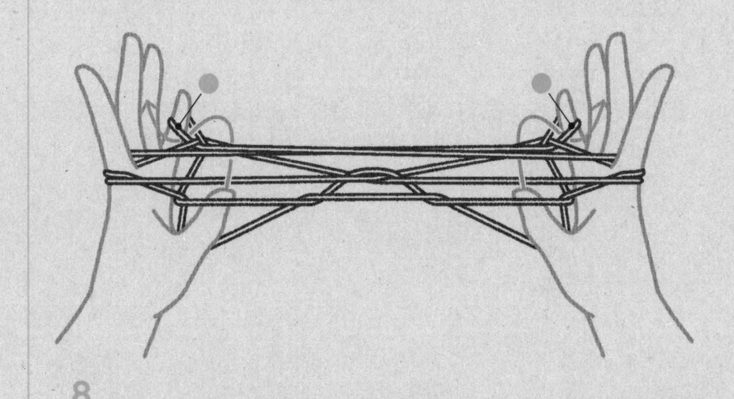

8

親指を、他のひもの下を通して、小指の向こう側から出し、小指の輪に上から入れ、小指手前側のひも●を下から引っかけます。

つづく

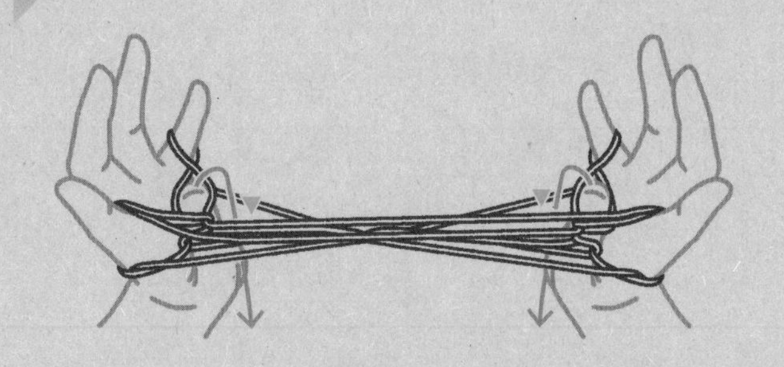

9

8で引っかけたひもが外れないように、親指の輪▼から引き抜き、手のひらを向こう側に向けます。

拡大した図。通す位置を気をつけましょう。

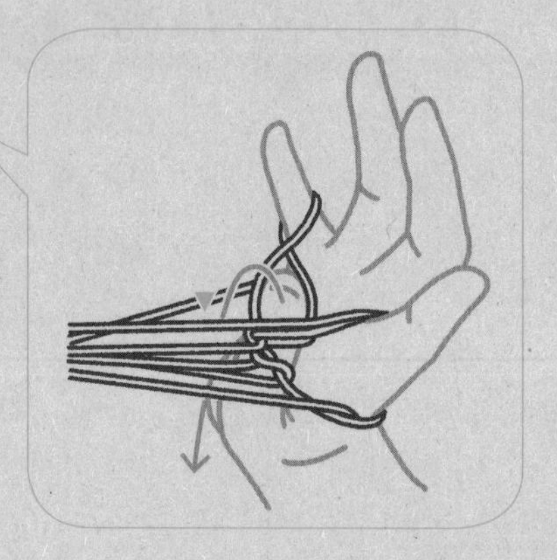

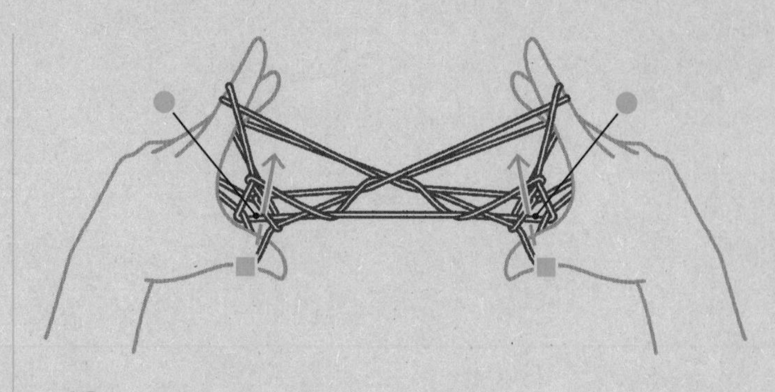

10

親指で、親指の輪の向こう側を左右に横切るひも●を下からとります。すると、自然に親指のひも■は外れます。

拡大した図。とるひもを確認しましょう。

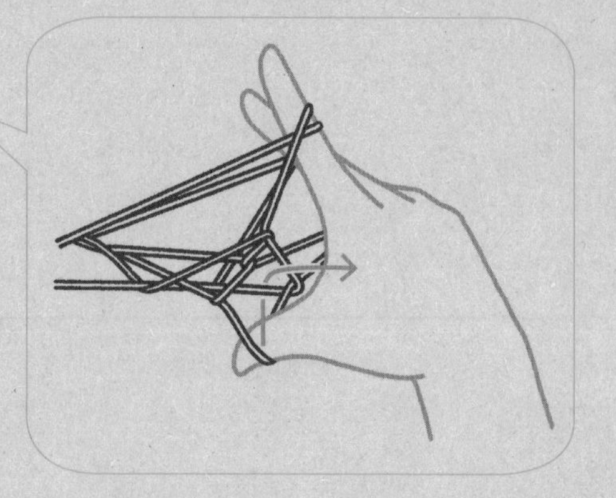

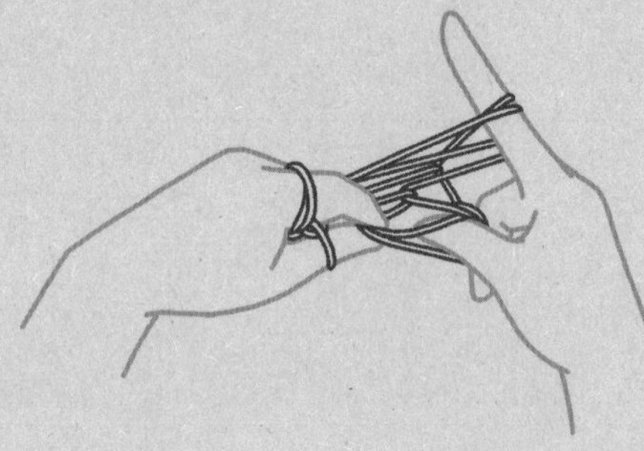

とりにくい場合は、片方ずつ、もう一方の手で押さえながらとると、よいでしょう。

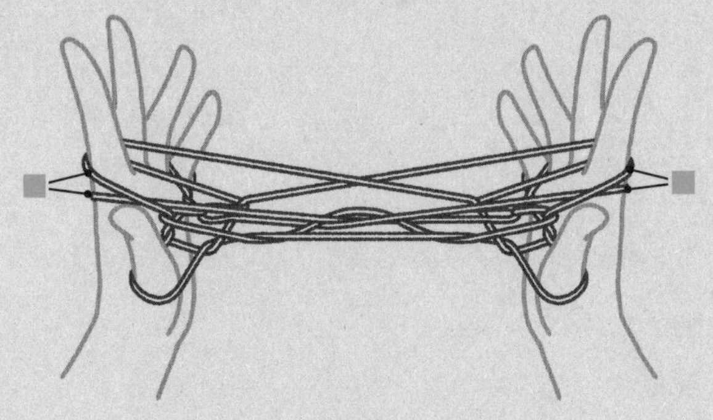

11

手のひらを向かい合わせ、人さし指のひも■を2本とも外します。

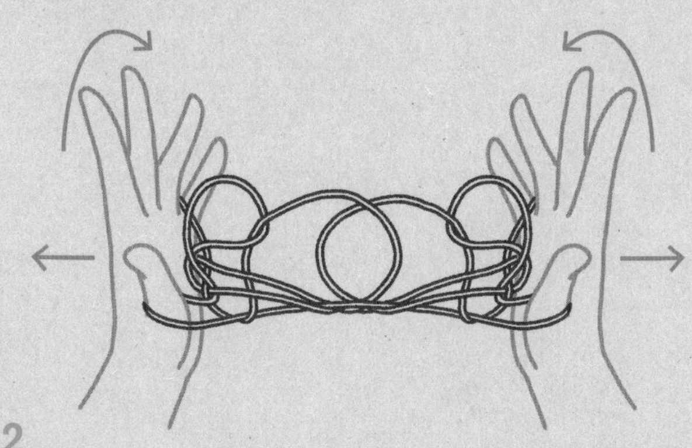

12

指先を向こう側に向け、ゆっくり両手を左右に開きます。

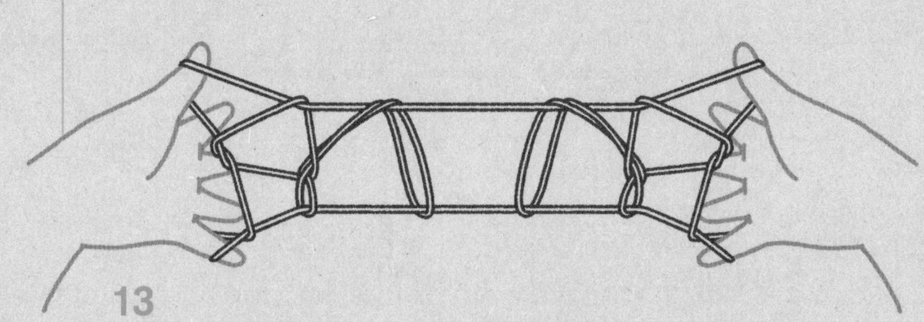

13

左右にしっかり開くと、「2匹の子鹿」のできあがりです。

できあがり

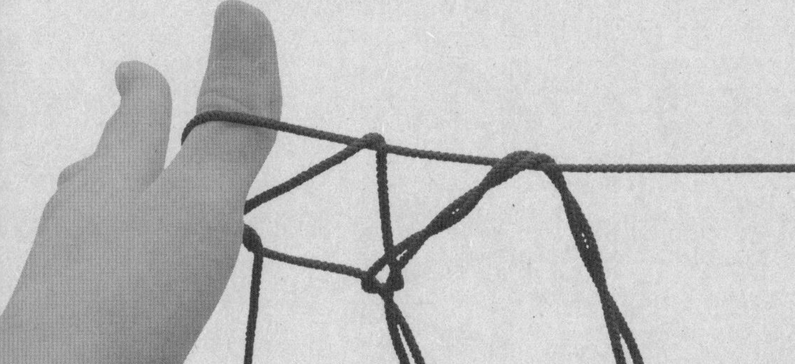

「シベリアの家2階建て」と
「カリブー」が合体したとり方に

柳（やなぎ）の中のカリブー ▶ p.60

The Caribou in the Willows

とりやすいひも●素材：アクリル、綿　長さ：180〜200cm

中級

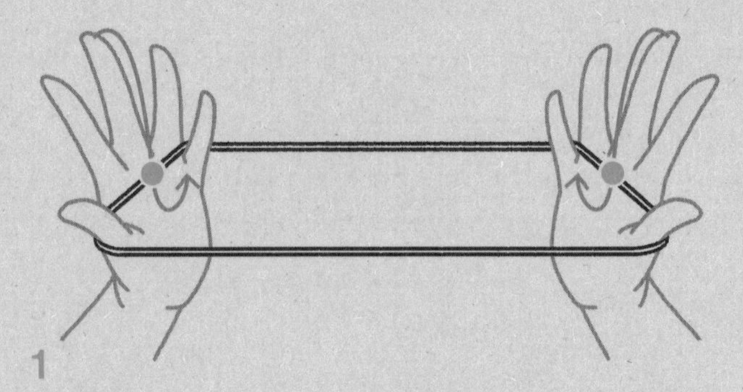

1
はじめのかまえ（p. 76）からはじめます。中指で、前を横切るひも●を、下からとります。

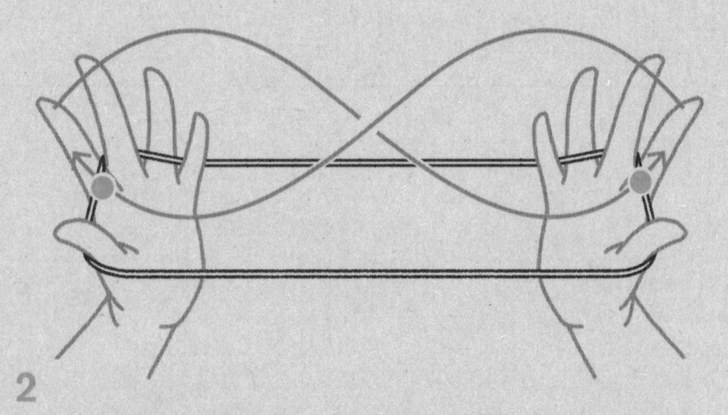

2
人さし指の前を通るひも●を、それぞれ左右反対の人さし指で、下からとり合います。

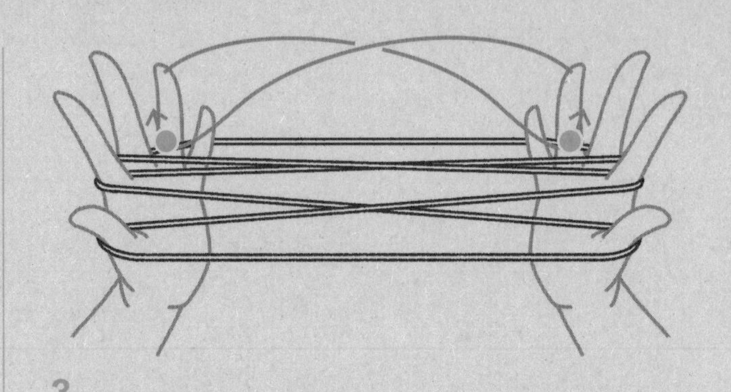

3
薬指の前を通るひも●を、それぞれ左右反対の薬指で、下からとり合います。

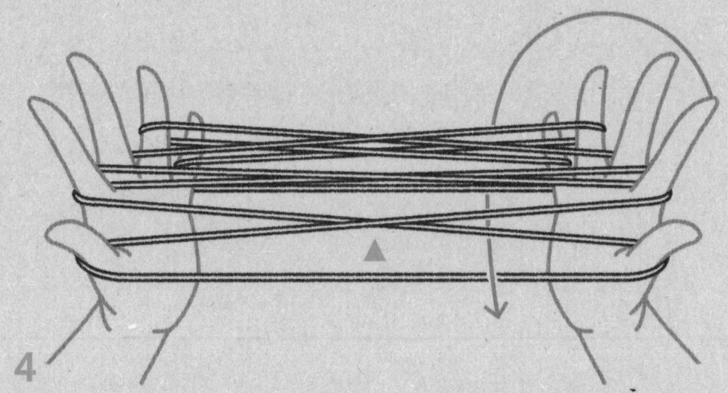

4
右人さし指を、小指の向こう側のひもを越（こ）えて、ひもの下を通って戻（もど）り、親指の輪▲に下から入れます。

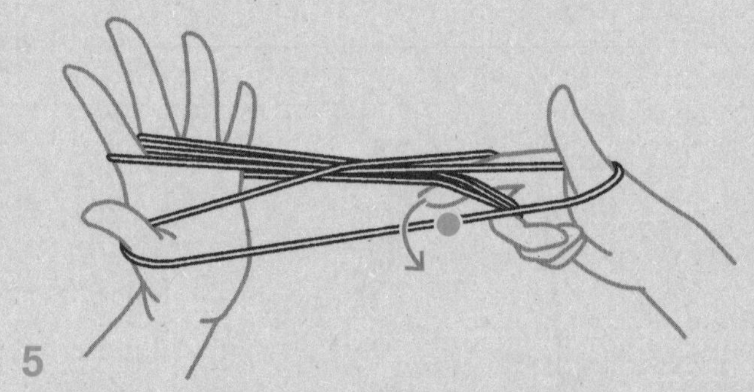

5
4の人さし指で、親指手前側のひも●を、上から引っかけます。

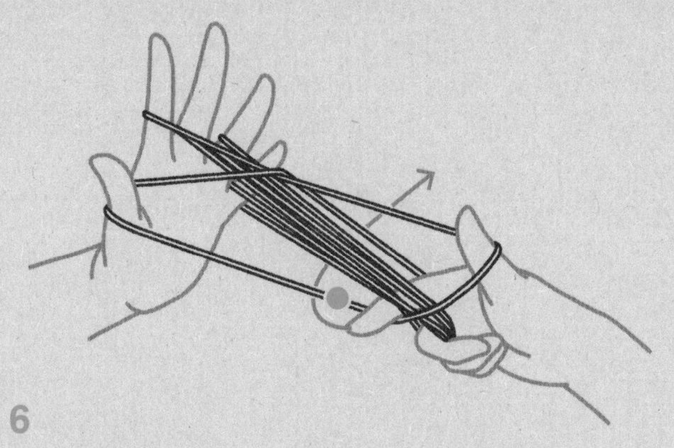

6
ひも●を引っかけた人さし指を、そのまま下・向こう側・上と回して、戻(もど)します。

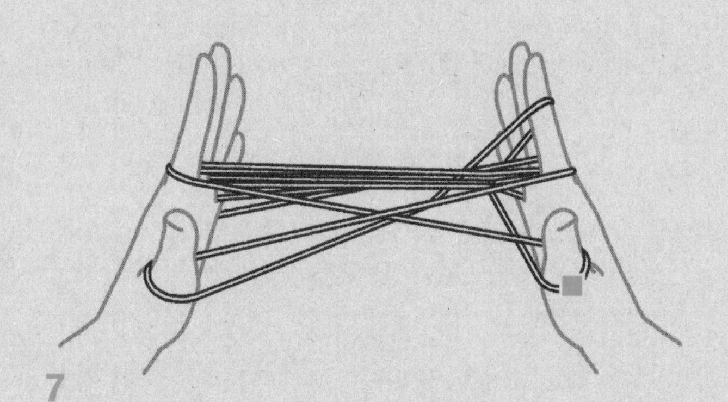

7
右親指のひも■を外します。

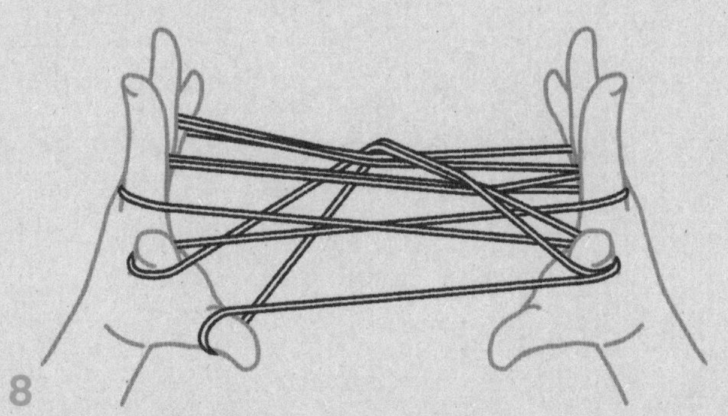

8
右人さし指にかかっているひもすべてを、左親指と人さし指でにぎります。

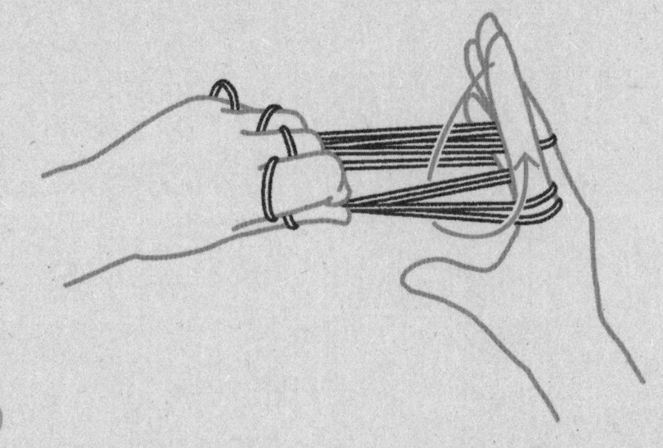

9
右人さし指を、向こう側・下・手前側・上と回し、人さし指にかかっているひもをひねります。

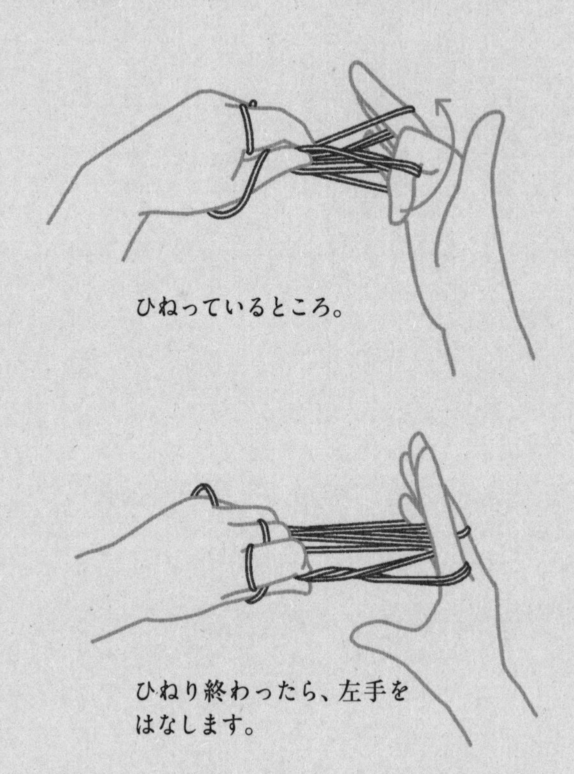

ひねっているところ。

ひねり終わったら、左手をはなします。

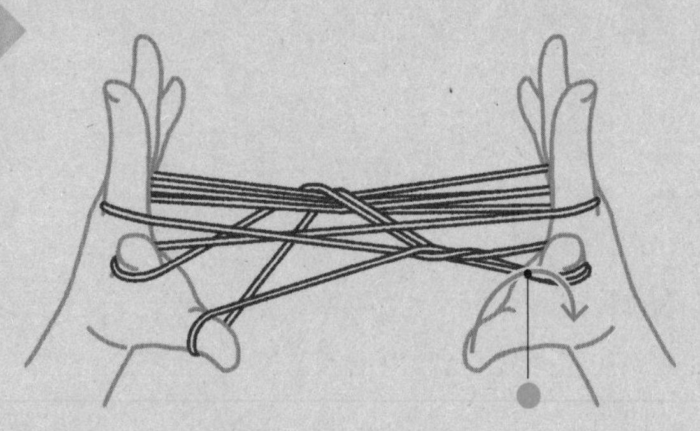

10

右親指で、人さし指の手前側のひも2本●を、下からとります。

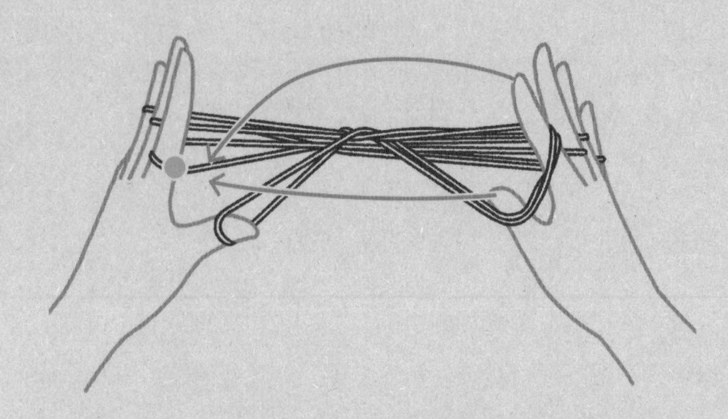

11

右親指と人さし指で、左人さし指の手前側のひも●を持ち、指から抜きとります。

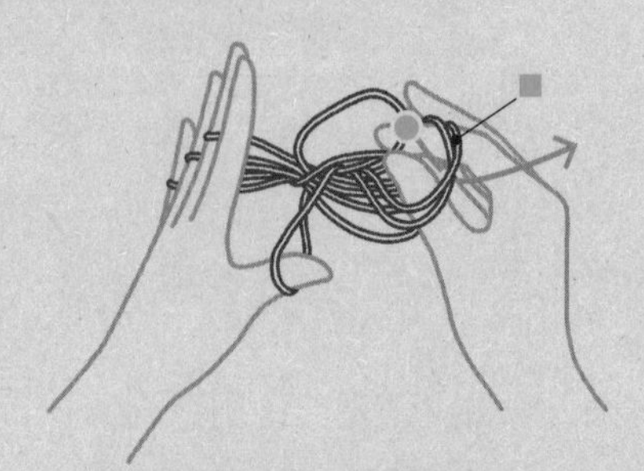

右親指と人さし指の輪■を外し、
つまんだひも●を引き抜きます。

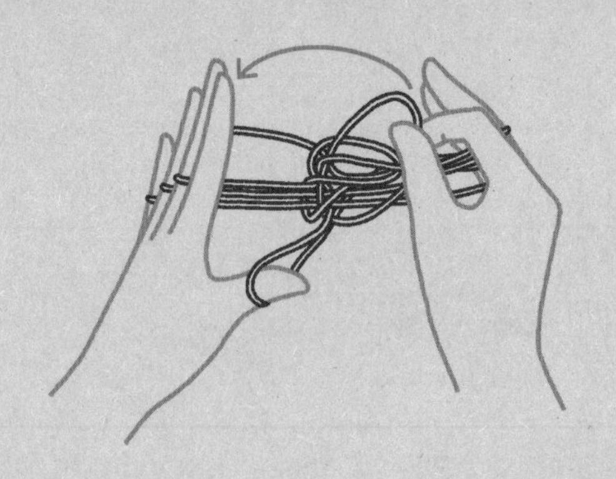

12

そのまま、持った輪を左人さし指に戻します。輪の向きを、11と変えないようにしましょう。

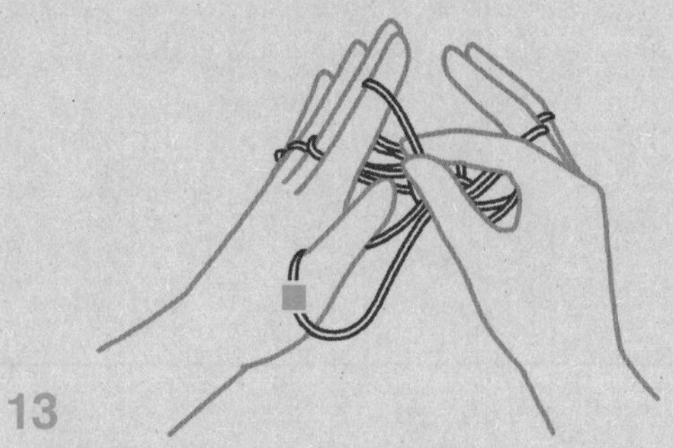

13

左親指のひも■を外します。

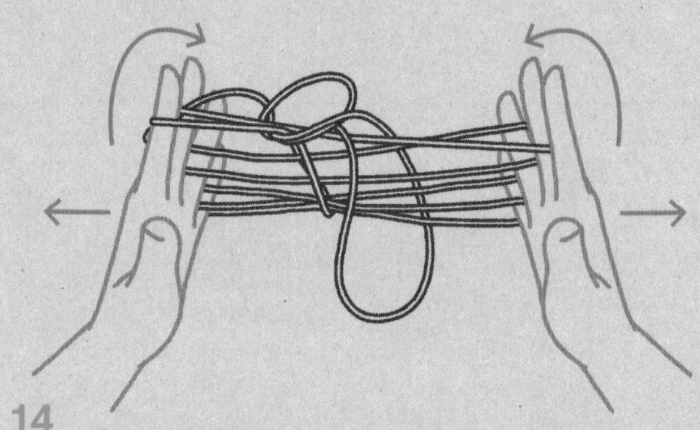

14

指先を向こう側に向け、両手を左右にゆっくり開きます。

15
「柳(やなぎ)の中のカリブー」のできあがりです。

できあがり

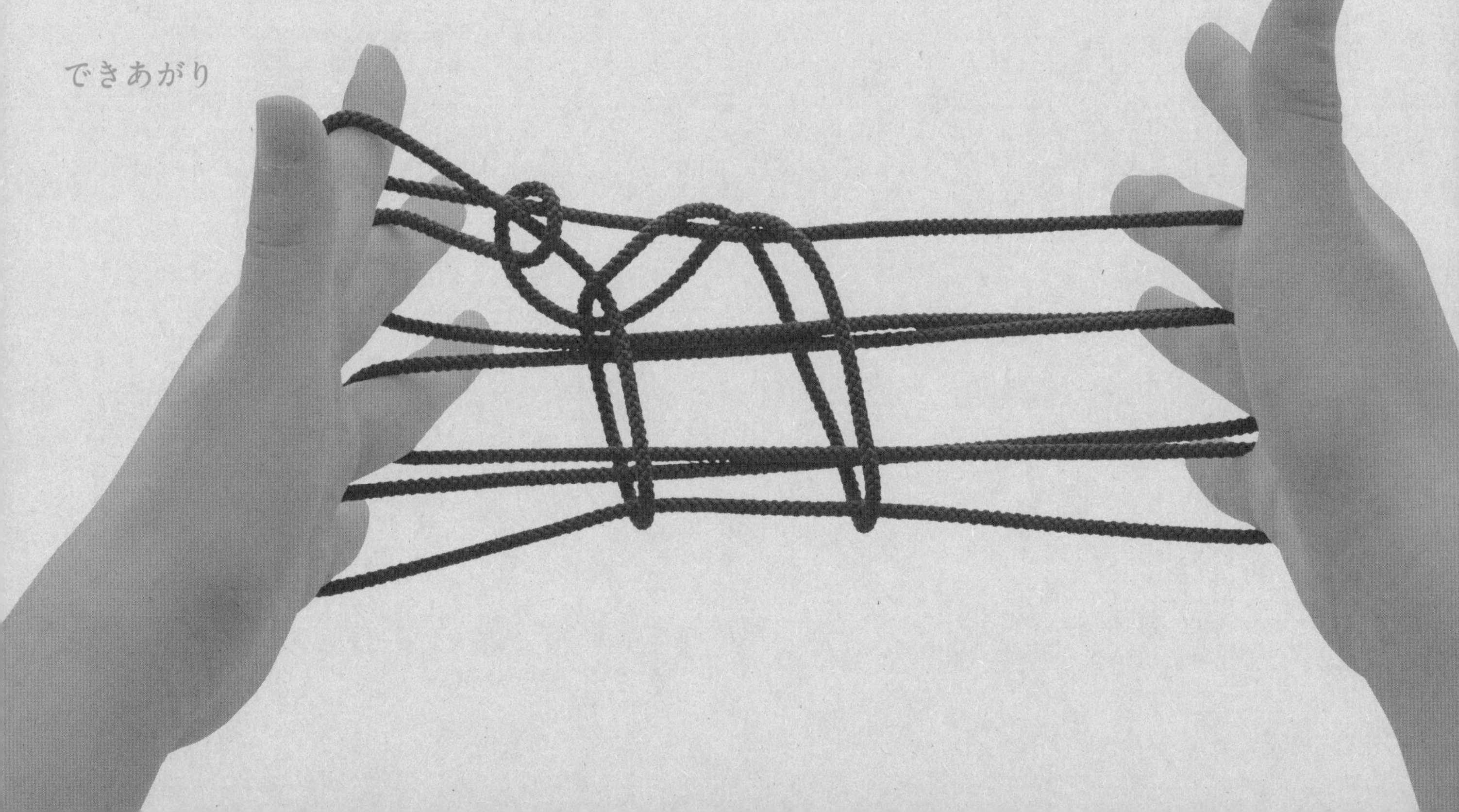

水面に映った姿から、上下を持ちかえます

カヤックをこぐ人 ▶ p.14

The Kayaker

とりやすいひも●素材：アクリル、綿　長さ：180〜200cm

上級

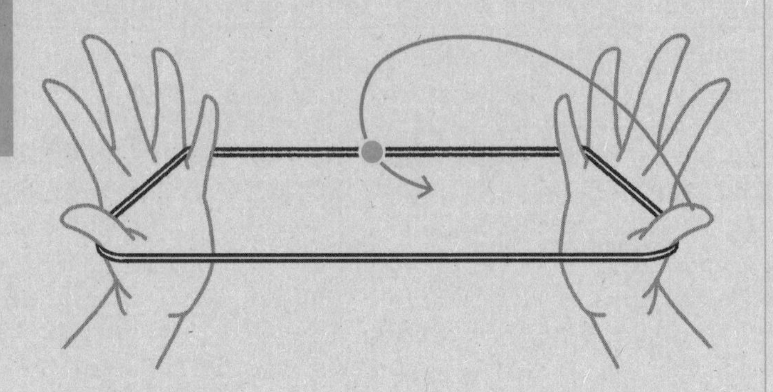

1

はじめのかまえ（p. 76）からはじめます。右親指で、小指の向こう側のひも●を、向こう側から引っかけるようにして、とります。

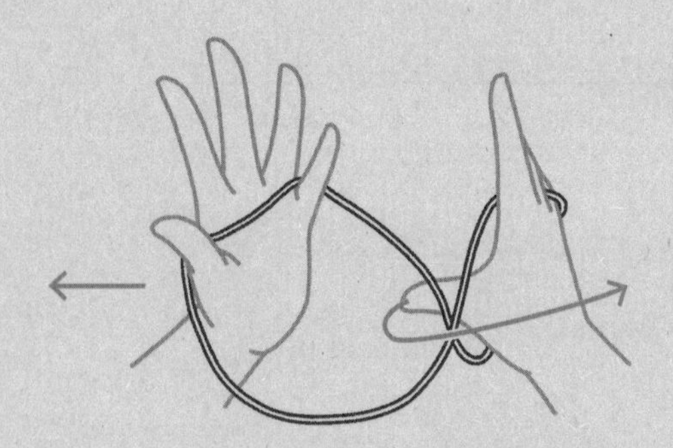

引っかけたところ。そのまま右親指を、手前・上と回し、両手を左右に開きます。

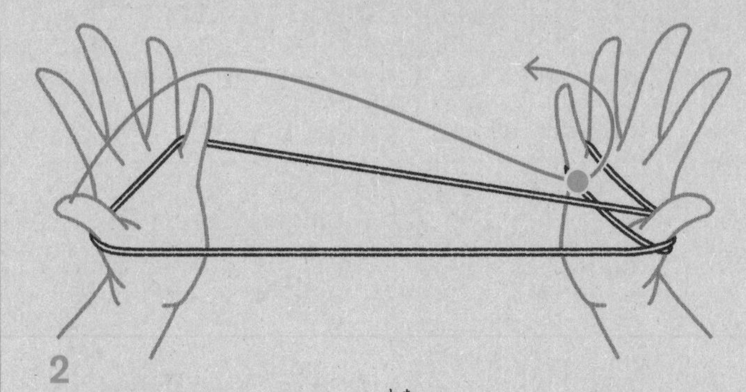

2

左親指で、右手のひらに渡っている下側のひも●を、下からとります。

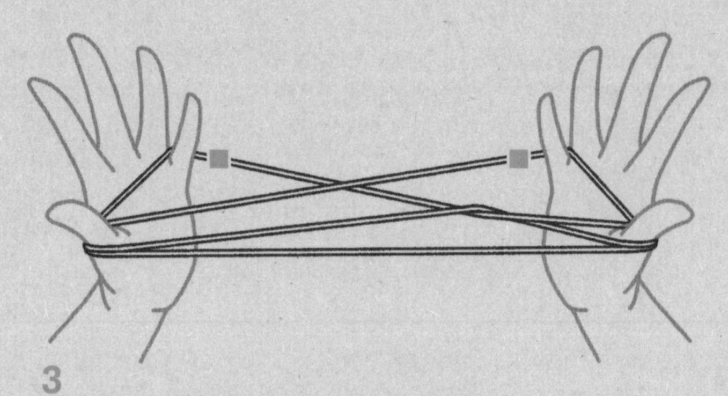

3

小指のひも■を、外します。

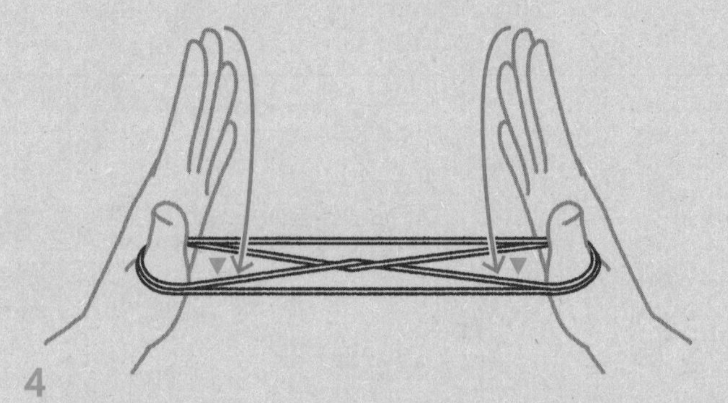

4

親指以外の4指を、親指の輪▼に上から入れ、その輪をにぎります。

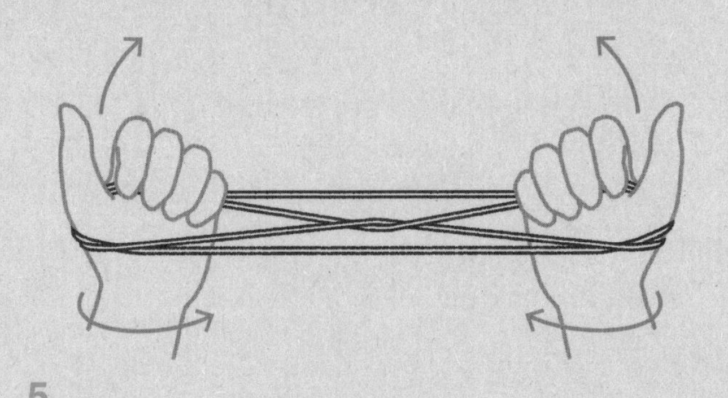

5
親指を上にして輪を広げ、手のひらを向かい合わせます。

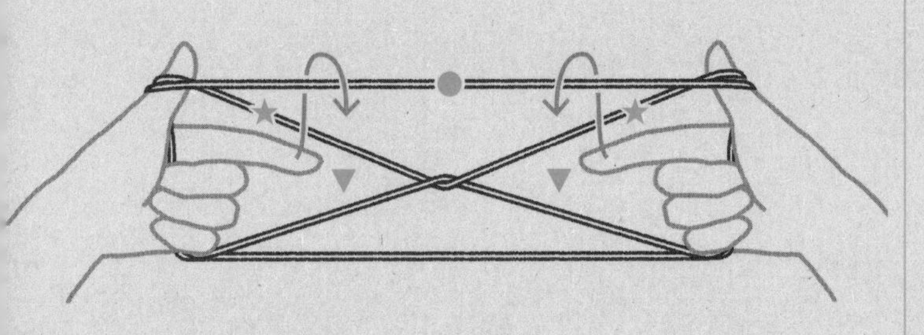

6
人さし指を、輪▼に向こう側から入れ、その上のひも★の手前側を通り、左右の親指を結ぶひも●を、向こう側から押さえます。

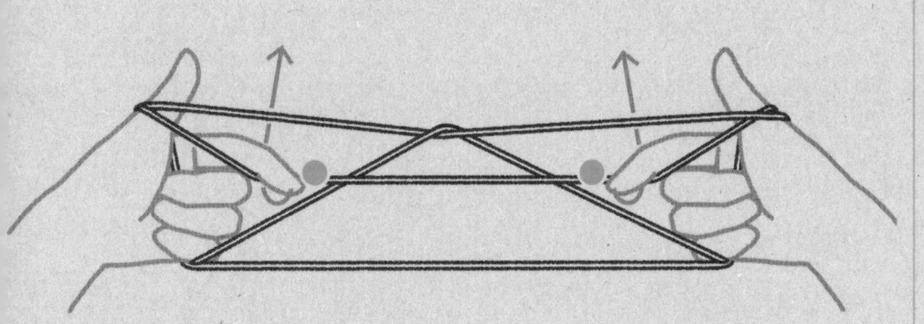

7
ひも●を引っかけるようにして、人さし指を、下・向こう側・上と回してとります。

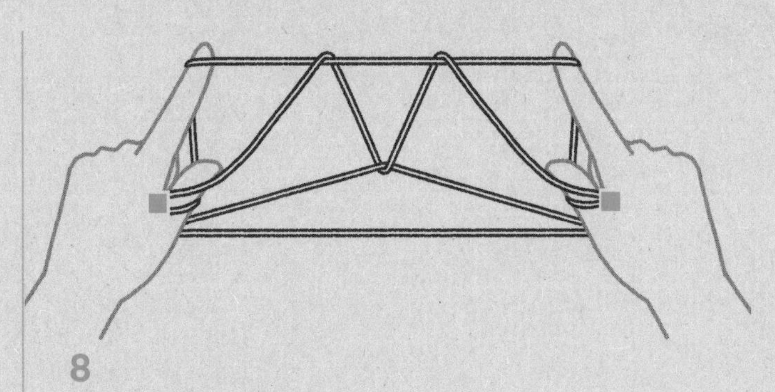

8
親指のひも■をすべて外します。

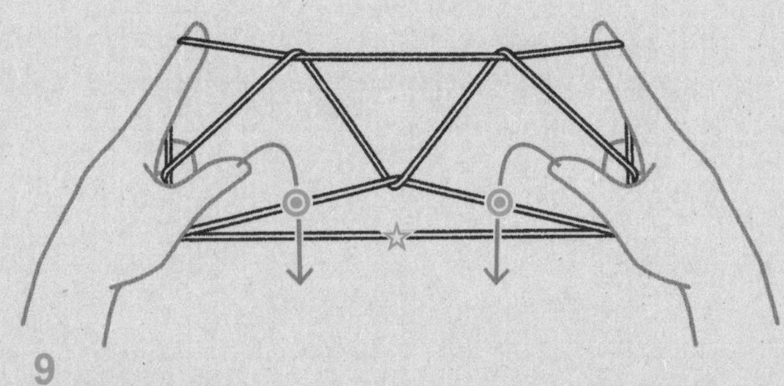

9
親指で、小指からななめ上に向かっているひも◎を、上から押さえます。横に通る☆は押さえないようにしましょう。

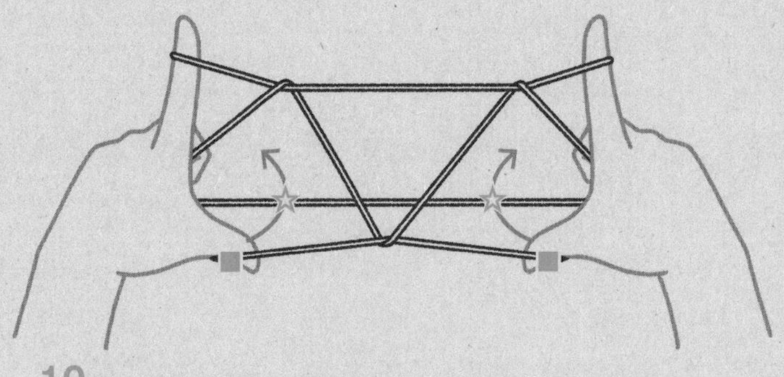

10
9でよけたひも☆を、親指で下からとります。親指のひも■は自然に外れます。

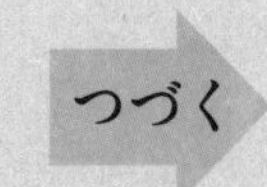

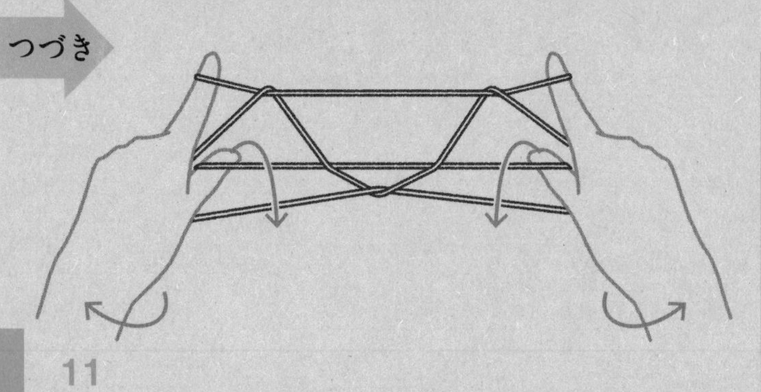

11

中指・薬指・小指でにぎっていたひもを外し、親指と人さし指を開き、手のひらを手前に向けます。

12

小指を、左右のひし形▼に向こう側から入れ、その下のひも●を手のひらに押さえます。

13

手のひらを向かい合わせます。

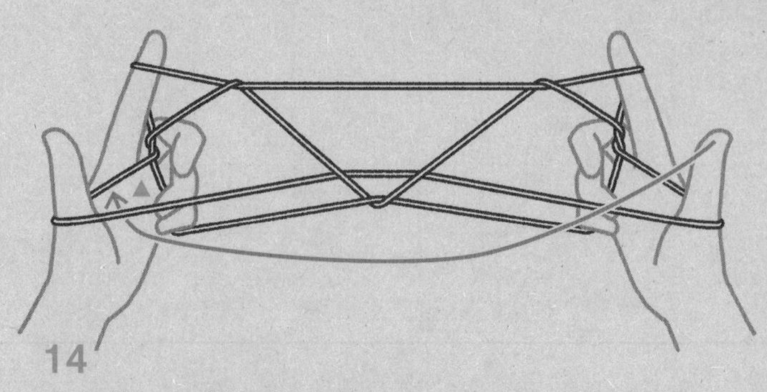

14

右親指を、左親指の輪▲に、下から入れます。ここから17まで、ひもをゆるめたままになるので、他のひもが外れないように気をつけましょう。

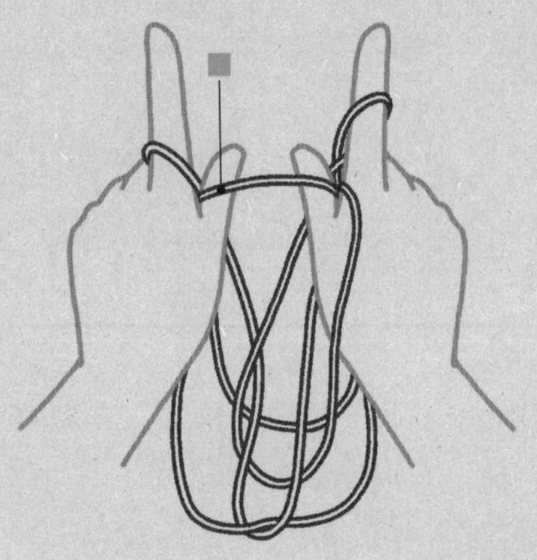

15

左親指のひも■を外します。

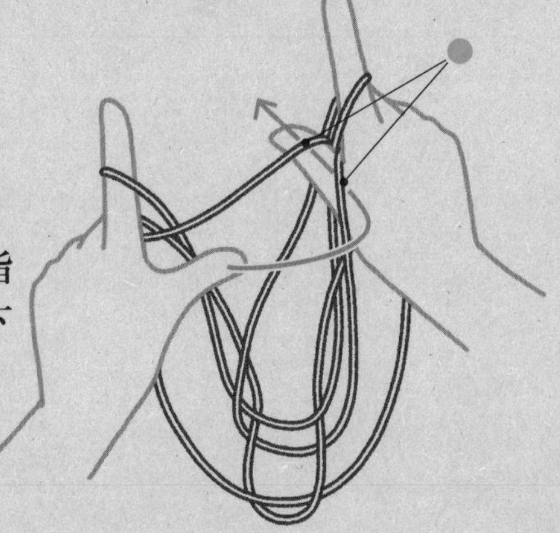

16

左親指を、右親指の2つの輪●に下から入れます。

17

親指で、人さし指手前側のひも●を下からとり、親指の輪から引き抜きます。

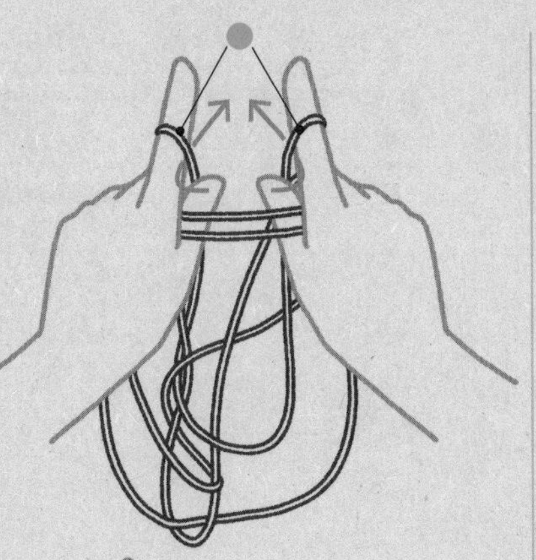

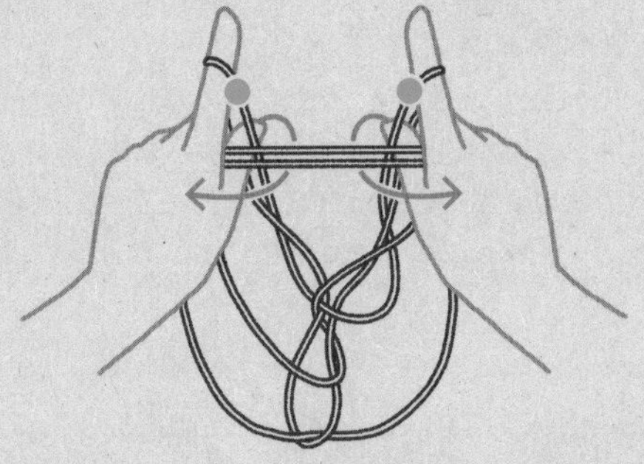

人さし指のひも●をとったところ。そのまま親指の輪から引き抜くと、親指の輪は外れます。

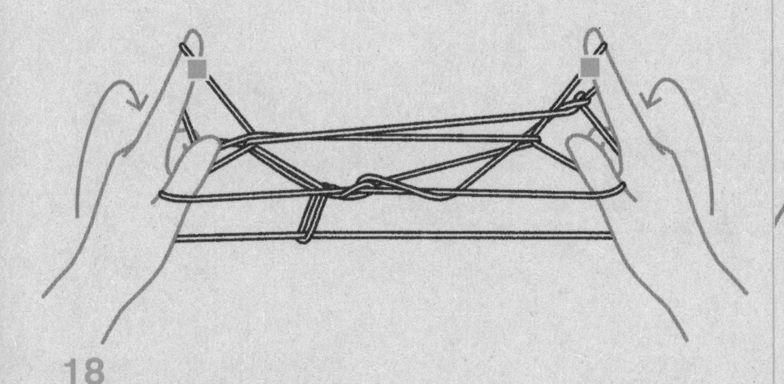

18

人さし指のひも■を外し、指を向こう側に向け、親指のひもを上げます。

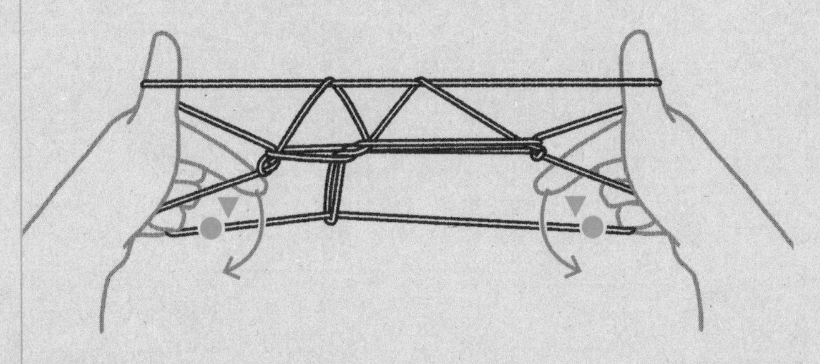

19

人さし指を、小指の輪▼に向こう側から入れて、小指のひも●を移しとります。

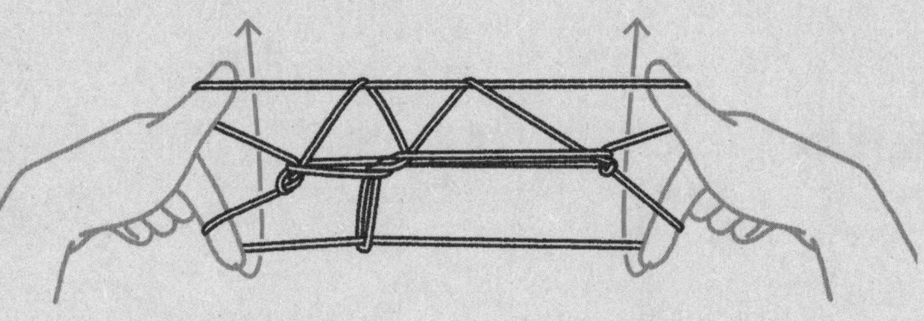

20

人さし指の指先を、向こう側・上へと回し、戻します。

21
小指を、親指の輪▲に下から入れて、親指のひも●を移しとります。

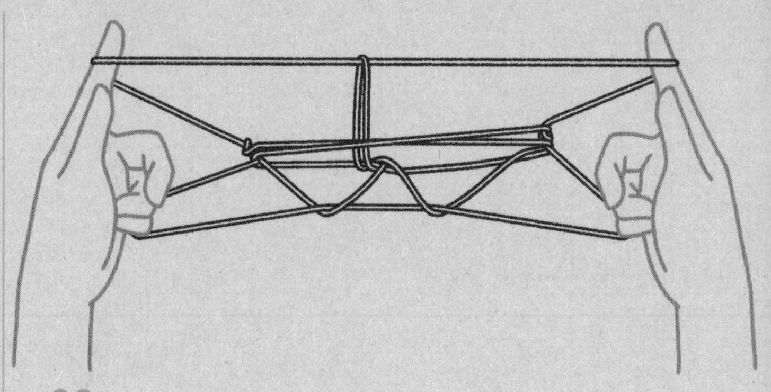

22
形をととのえたら、「カヤックをこぐ人」のできあがりです。

できあがり

［遊び方］下側が「カヤック」、上側の中央あたりに縦に出ているのが「こぐ人」です。人さし指を左右に動かすと、人が動いて、カヤックをこいでいるようにみえます。

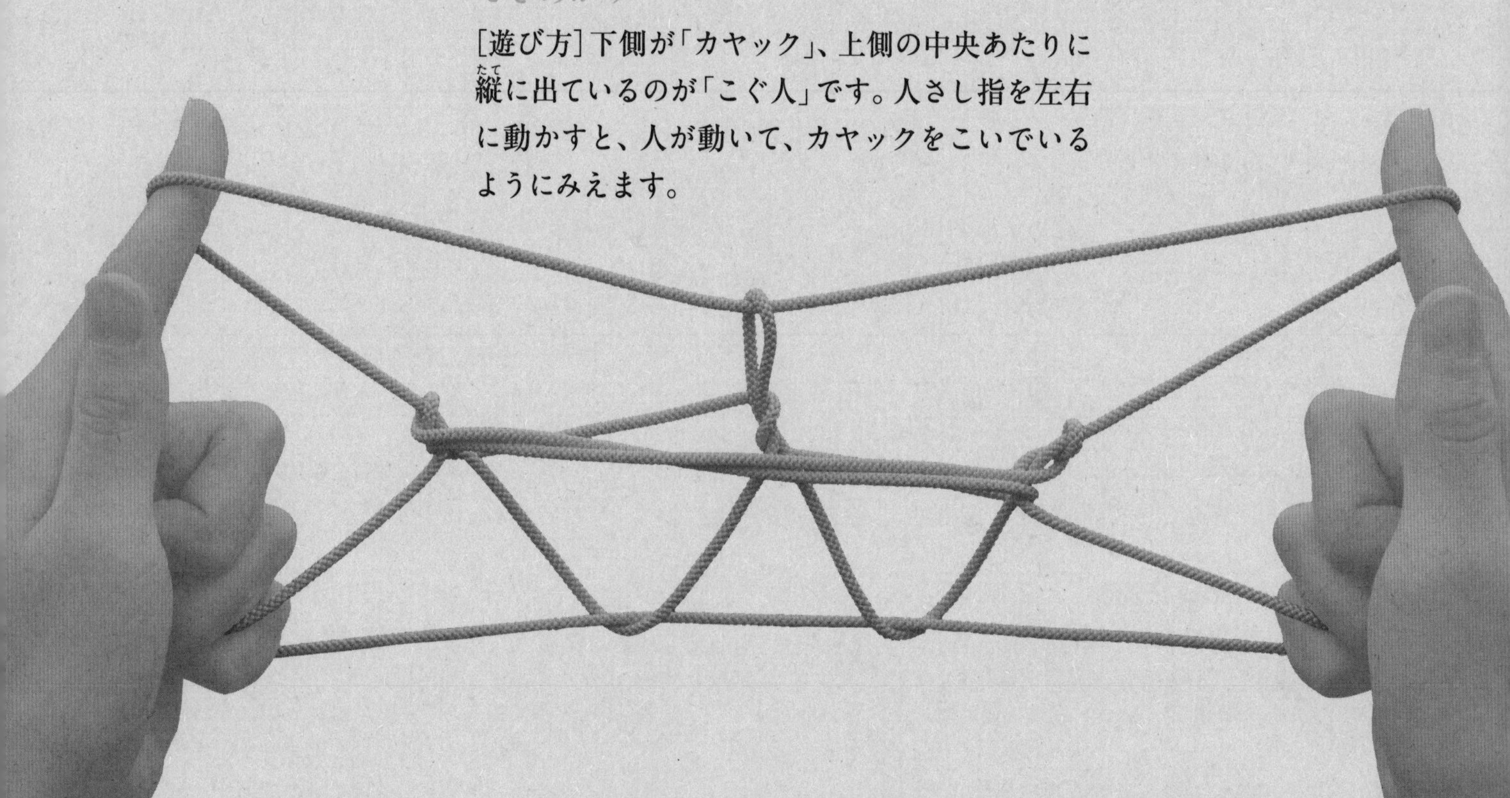

ひもをゆるめたままとる作業が続きます

山間の月 ► p.8

The Moon Between the Mountains

とりやすいひも●素材：アクリル、綿　長さ：180〜200cm

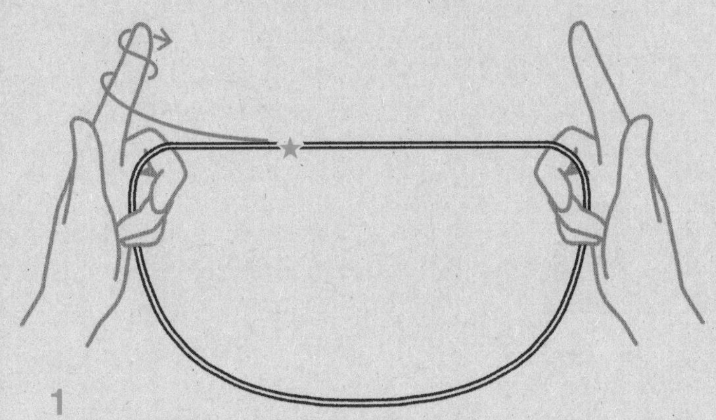

1
中指・薬指・小指で、ひもを左右からにぎってはじめます。左人さし指に、中指から出ているひも★を、手前側から2回巻きます。

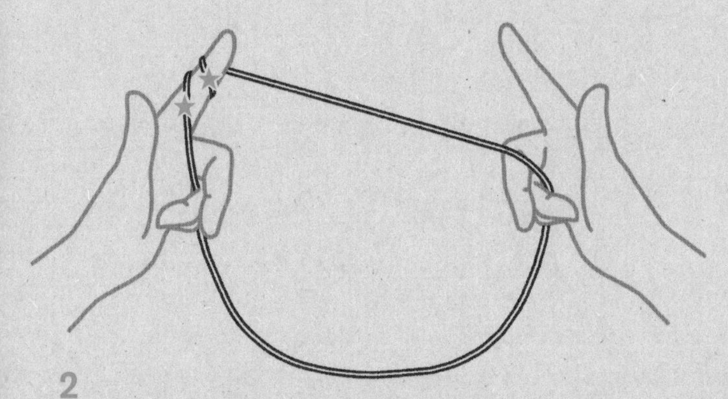

2
1で巻いた部分★を、右手で少しゆるめます。

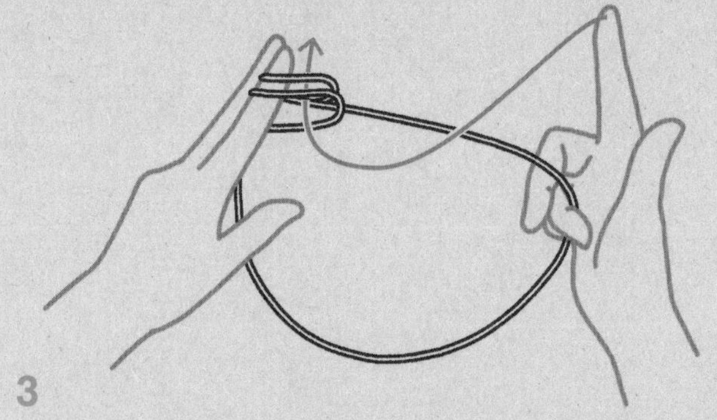

3
右人さし指を、2でゆるめた部分に下から入れます。

4
左右の手を少し開きます。中指からななめに出ているひも●の向こう側に、親指をあてます。

5
親指の指先を手前側に向けて、4のひも●をとります。

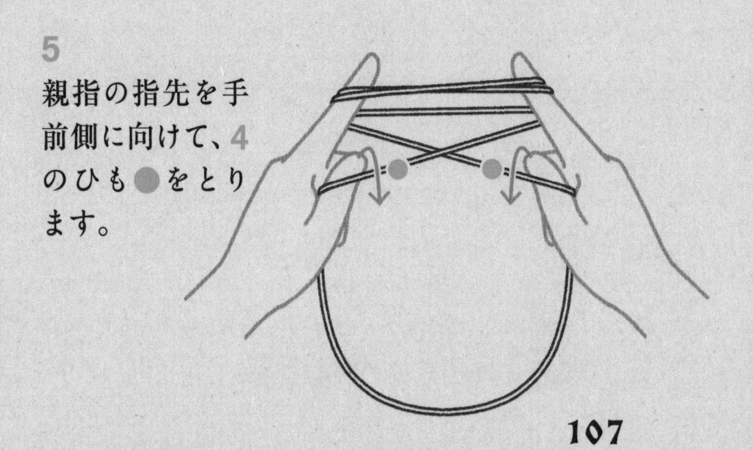

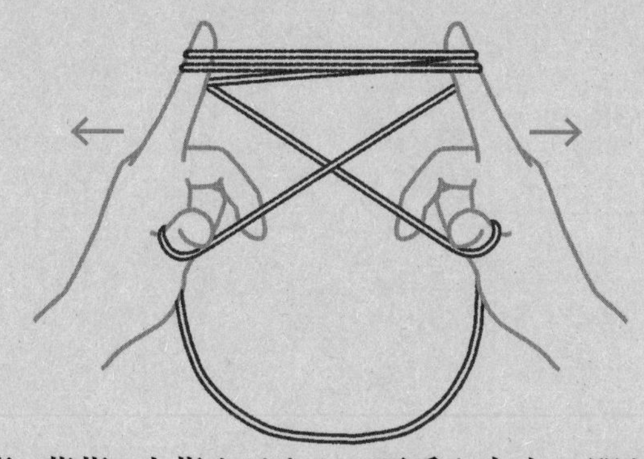

6
中指・薬指・小指をはなし、両手を左右に開きます。

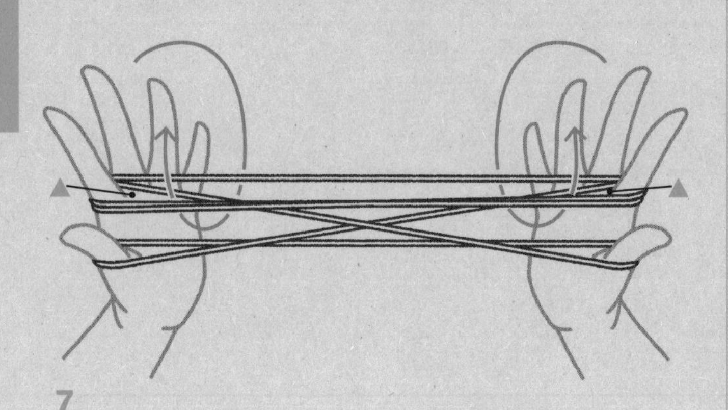

7
中指・薬指・小指を、人さし指の輪▲に、下から入れます。

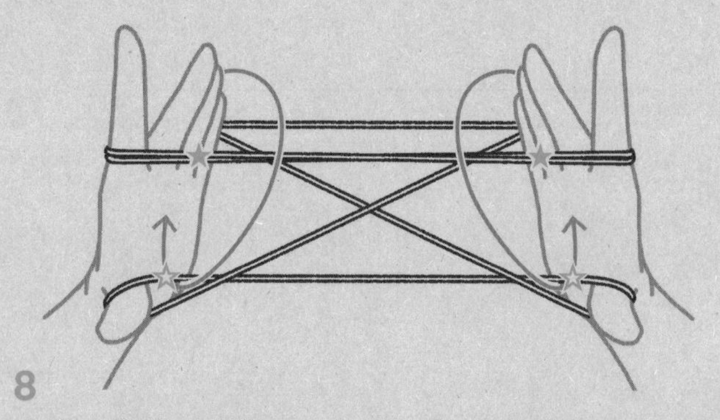

8
中指・薬指・小指で、人さし指手前側のひも2本★と、親指の向こう側のひも☆を、にぎります。

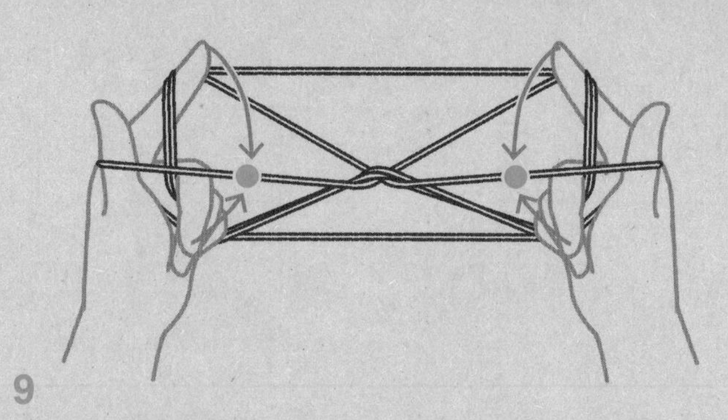

9
親指の手前側のひも●を、人さし指で上から、中指で下からはさみます。

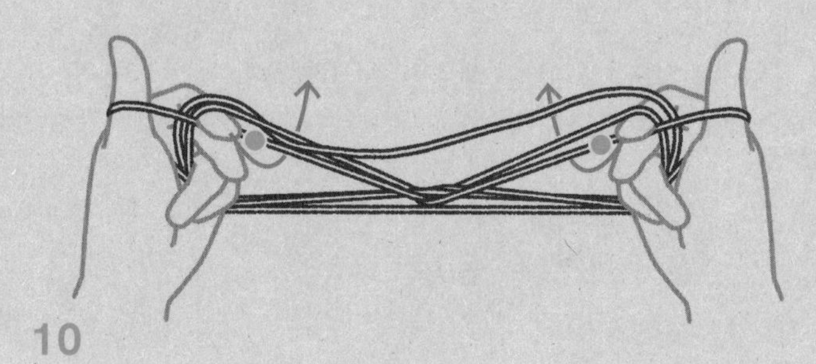

10
そのまま人さし指と中指の指先を、下・向こう側・上に向けて回し、はさんでいたひも●を、人さし指の輪の中から引き出します。ひも●は人さし指の背(せ)にかかり、他の人さし指のひもは、自然に外れます。

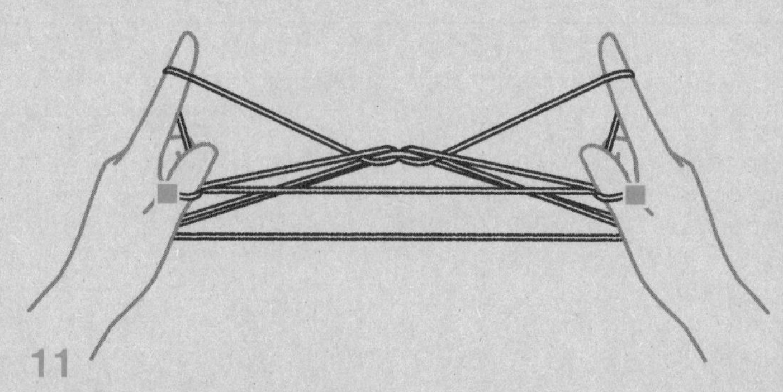

11
親指のひも■を外します。

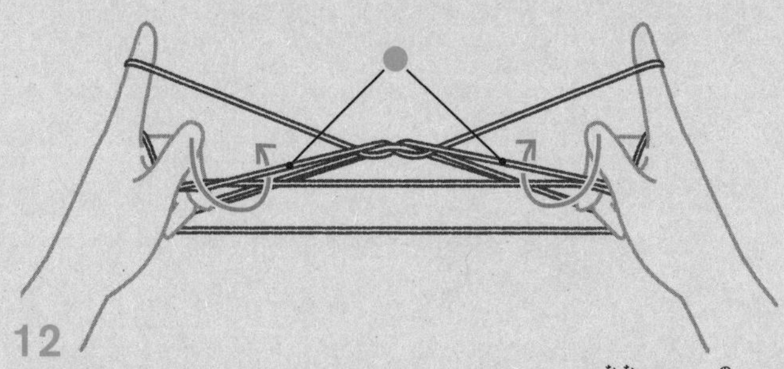

12

中央で交差している部分から、中指へ斜めに伸びているひも●を確認し、親指で下からとります。とりにくければ、中指で持ち上げるとよいでしょう。

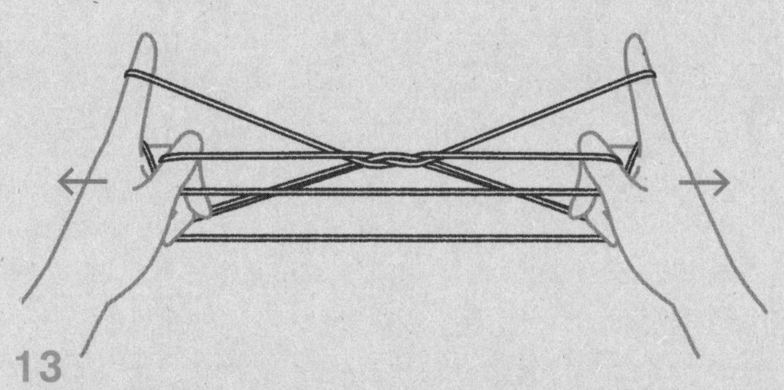

13

中指・薬指・小指をはなし、両手を左右に少し開きます。中央に輪ができるので、少し大きめに残しておきましょう。

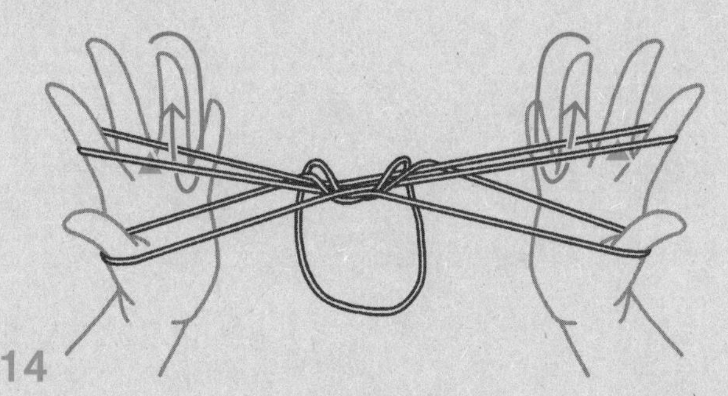

14

ここから、7〜13の作業を、中央の輪を残したまま、2回行います。中指・薬指・小指を、人さし指の輪▲に、下から入れます。

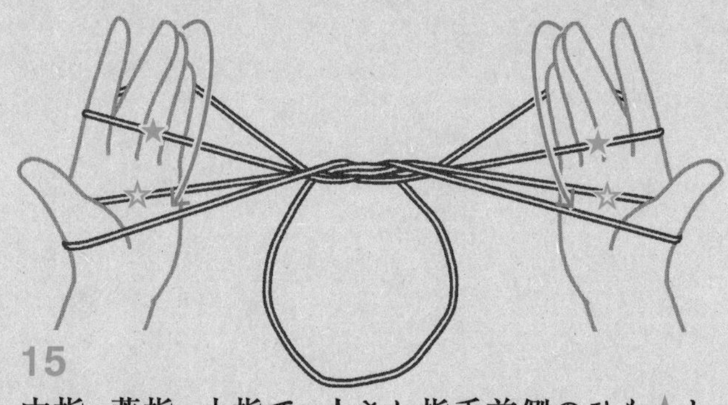

15

中指・薬指・小指で、人さし指手前側のひも★と、親指の向こう側のひも☆を、にぎります。

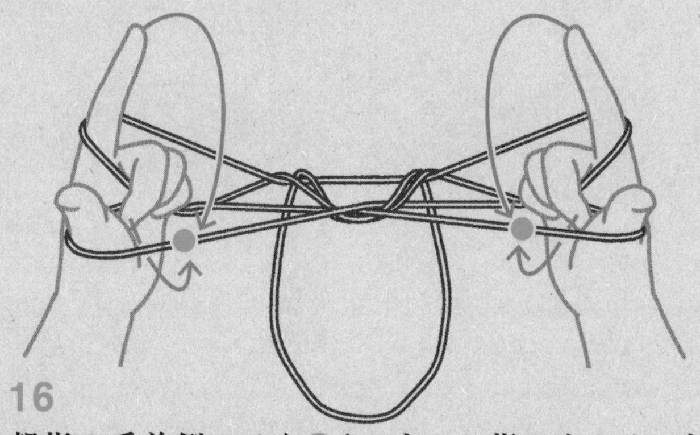

16

親指の手前側のひも●を、人さし指で上から、中指で下からはさみます。

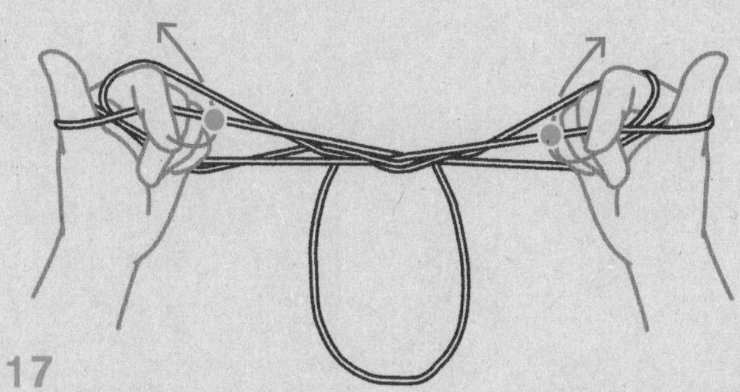

17

10と同様に、はさんだひも●を、人さし指の輪から引き出します。

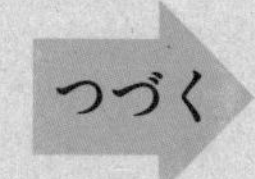

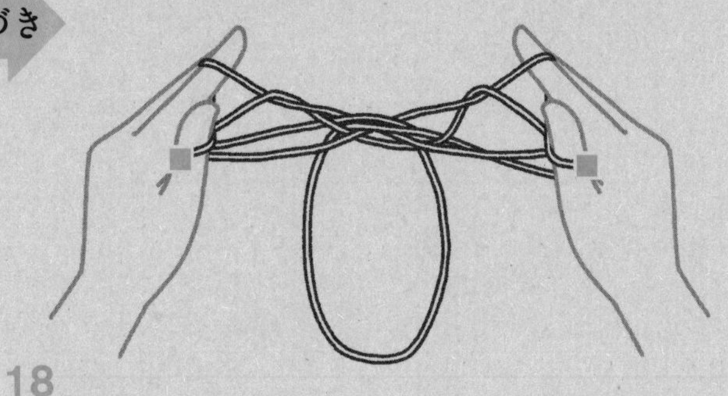

18
親指のひも■を外します。

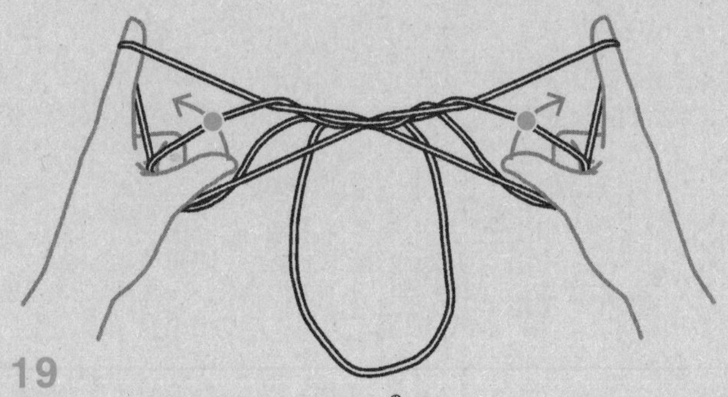

19
親指で、中央から中指に伸(の)びているひも●を、下からとります。

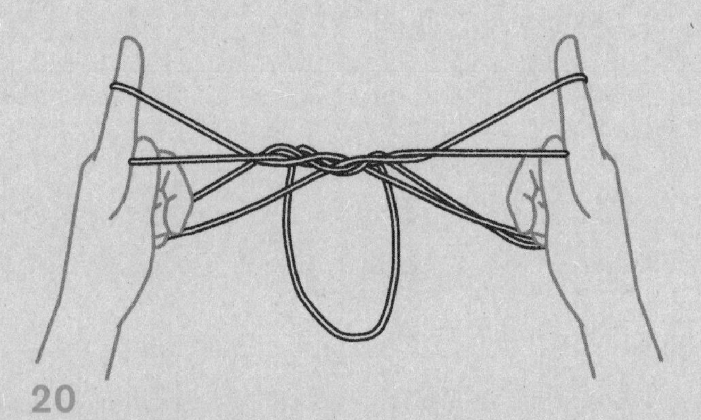

20
中指・薬指・小指をはなします。

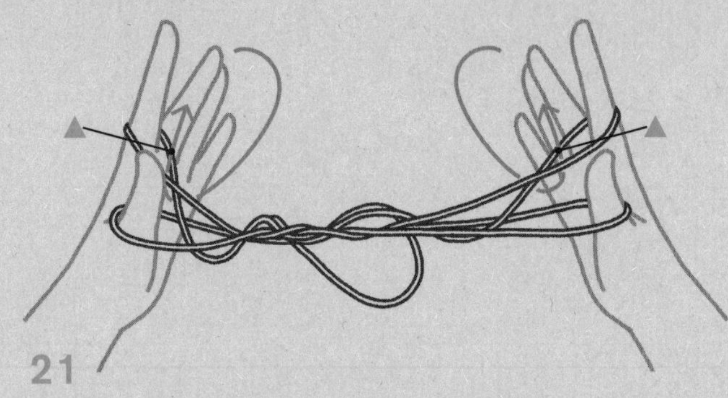

21
中指・薬指・小指を、人さし指の輪▲に、下から入れます。

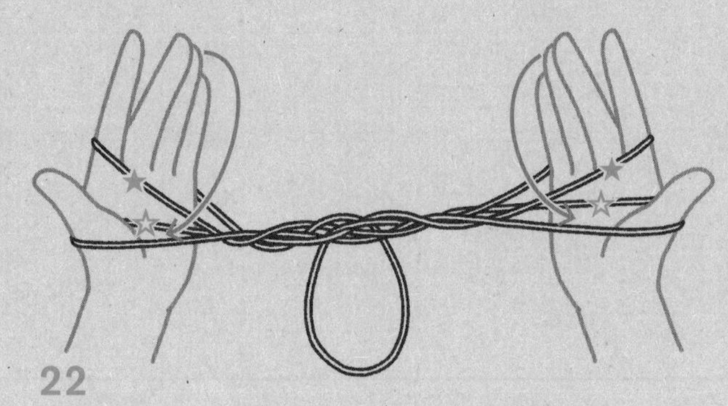

22
中指・薬指・小指で、人さし指手前側のひも★と、親指の向こう側のひも☆を、にぎります。

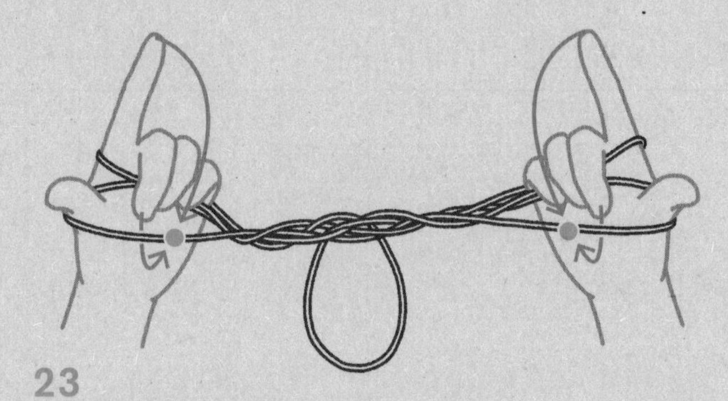

23
親指の手前側のひも●を、人さし指で上から、中指で下からはさみます。

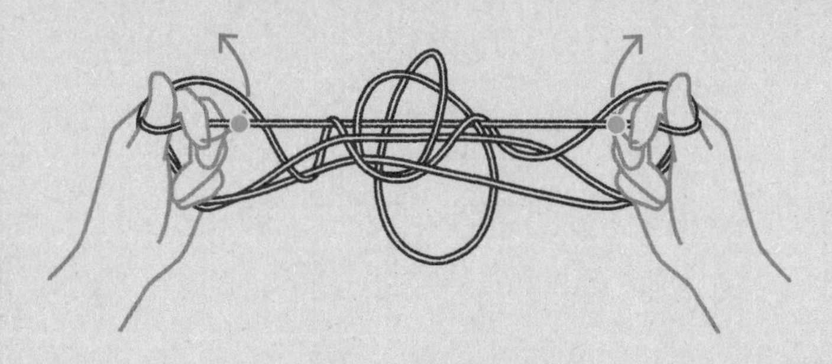

24
10と同様に、はさんだひも●を、人さし指の輪から引き出します。

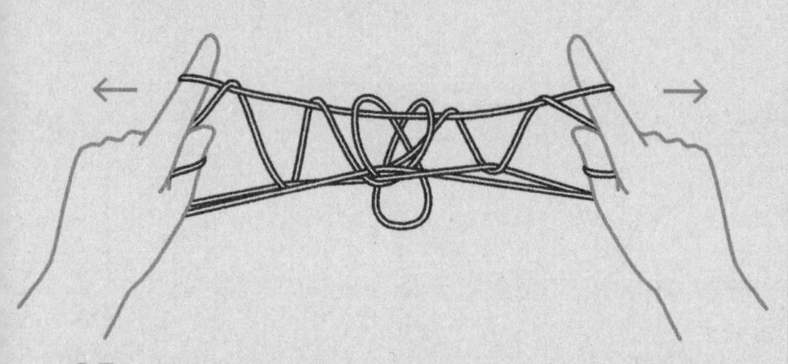

25
形をととのえながら、両手を左右に広げると……

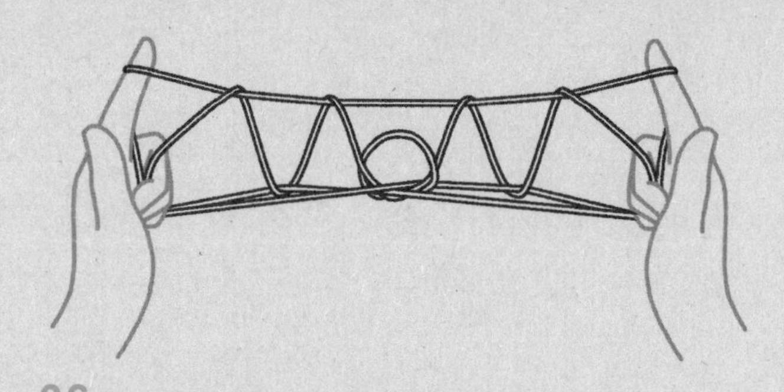

26
「山間の月」のできあがりです。

できあがり

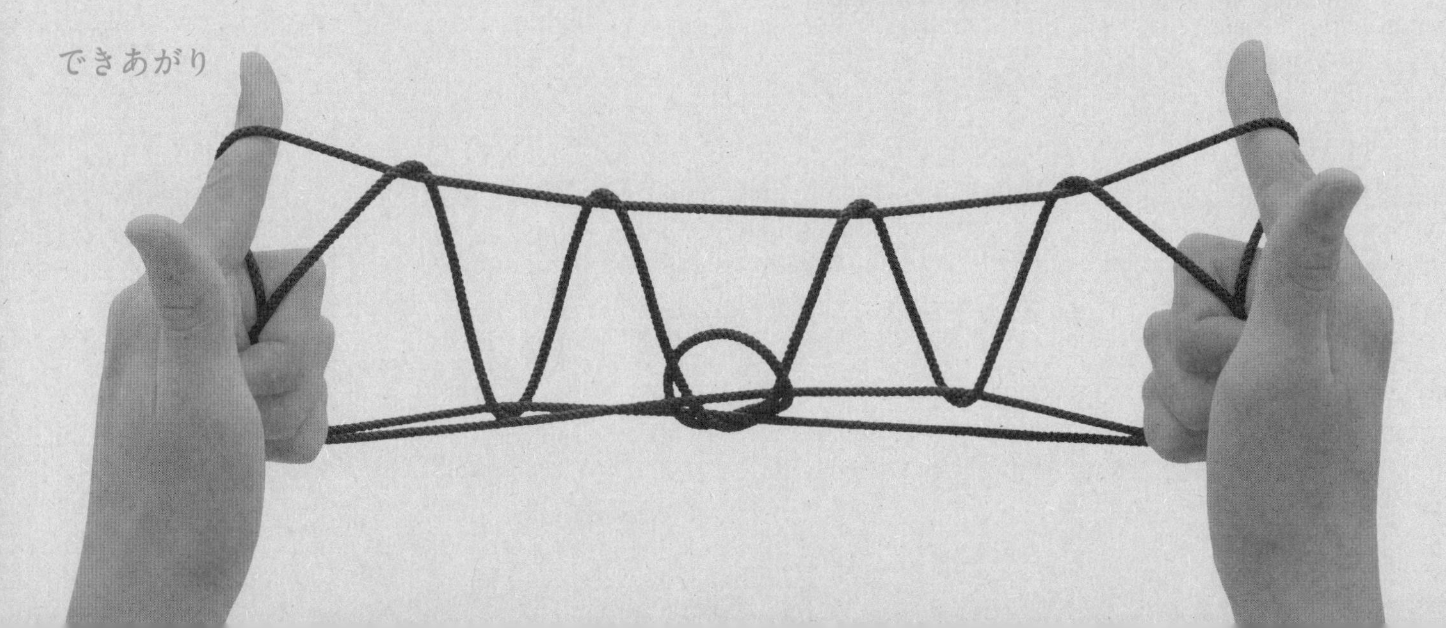

「白鳥」(p. 46) のあやとりは、カナダ極北圏の中央部、マッケンジー地方で見つかっています。複雑に絡み合ったひもの間から、あやとりの白鳥がスッと頭をあげて、気品ある姿を現した時の感動は、あやとりならではのものだと思います。このあやとりには、次のようなお話がついています。

静かな森の湖で1羽の白鳥が気持ちよさそうに泳いでいます。するとそこに猟師が白鳥を捕まえようとやってきます。猟師に気がついた白鳥はパッと飛び立ちました。湖には白鳥が飛び立ったあとの水の輪が残されています。

白鳥のあやとりができたら、このお話をしながら人差し指のひもを外すと、白鳥が飛び立ったあとの水の輪ができるという見事な連続あやとりです。

マッケンジー地方は、まだ人の手が入らず大きな森と湖が残されたままの非常に空気のきれいな環境保全地域で、地球温暖化を防ぐ役目を果たしているそうです。いつまでもこのような環境が保たれ、白鳥たちが安心して棲めることを願います。

コラム❷

「白鳥」のあやとり

ロシア、チュコト半島のあやとり

暮らしを表すあやとり

「そりを引くトナカイ」をとる野口廣（国際あやとり協会創設者）

シベリアの最西端チュコト半島に住むチュクチの人たちには、海辺に住む人々と内陸部に住む人々がいます。海辺に住む人々は主にアザラシなどの猟師が多く、「カヤックをこぐ人→山並み」(p. 14-16)のような、海に関するあやとりが伝えられていました。

海辺から離れた内陸部に住む人々はトナカイ遊牧民で、「シベリアの家」(p. 18)や「シベリアの家2階建て」(p. 20)のようなあやとりが伝えられていました。遊牧民はトナカイの牧草を求めて移動生活をしていたため、簡単に作ったり壊したりできる移動式の家に住んでいます。「シベリアの家」はこうした人々が移動するときの様子を表現したあやとりです。

「シベリアの家2階建て」は、「シベリアの家」の変形ですが、アラスカ地方のあやとりの「カリブー」の変形である「柳の中のカリブー」(p. 60)と同じ手法が使われています。1909年にチュコト半島でA. E. ホッダーがタンガロットの人々から採集したことから、英語名にはその名が残されています。

「そりを引くトナカイ」(p. 62)も、チュクチの人々のあやとりです。トナカイは極北圏に住む人々には食料や日用品の材料として、また、犬ぞりと共に人々の移動手段として欠かせない貴重な家畜でした。

アラスカのあやとり❶ 風景を表すあやとり

アメリカの最北部に位置するアラスカ州には、雄大な風景を表す数々の素晴らしいあやとりが伝えられていました。

ベーリング海に面したプリンスオブウェールズ岬からアラスカ北東部にかけて採集された、「山間の月」(p. 8)「アザラシ猟師」(p. 10)「鮭の川」(p. 12)「くじらときつね」(p. 64)「魚網を破るホッキョクグマ」(p. 70)などは、いずれも雄大な風景を想像できるあやとりで、そのほとんどにお話がついていました。たとえば「鮭の川」には、

> アラスカ山脈を背景に、アラスカ最大のユーコン川が現れます。そこから釣り人が小舟に乗って川を上って行く様子に移ります。そして最後に大きな鮭がたくさん現れました。

という意味の歌を歌いながら、動画のように次々と形を変えてとっていくあやとりです。

ベーリング海に面した小さな島ヌニバク島には「かもめ」(p. 38)のあやとりがあります。広い海と青い空に白いかもめが飛んでいる風景を想像するだけで、心が晴れるようなあやとりです。

アラスカ州の最北端に位置するバロー岬は北緯約71度、冬の寒さは極めて厳しく、5月初めから8月初めまでの約3ヶ月は太陽が沈まない白夜で、冬は11月半ばから1月末まで太陽の昇らない日が続くそうです。そのため、アラスカの西海岸や、カナダのマッケンジー地方で「山間の日の出」と呼ばれているあやとりを、日の出を見る機会の少ないバロー岬の人々は「山間の月」と呼んでいるのです。

アラスカのあやとり❷ 生き物を表すあやとり

アラスカには生き物を実物そっくりに表現した傑作あやとりがたくさん伝えられています。その理由は、アラスカの先住民たちが大自然の中で野生の生き物に囲まれて暮らしていたからでしょう。また、極北圏では農耕が行われないため、内陸部の人々は狩猟によって生活しており、暮らしに必要な衣・食・住のすべてがトナカイなどの動物によって成り立っていたからです。

本書で紹介した「雷鳥の番」(p. 40)「渡鴉」(p. 42)「2匹のひぐま」(p. 54)「カリブー」(p. 58)「柳の中のカリブー」(p. 60)「くじらときつね」(p. 64)「ホッキョクグマ」(p. 68)などの他にも身近な生き物として「犬」「手綱をかけた犬」「犬のふん」や、「2匹のアメリカトナカイ」などがあります。

くまを表すあやとりもたくさんあり、お話つきのひぐまや子ぐまのあやとりがたくさんあります。たとえば「ひぐまと子ぐま」には次のような流れの歌がついています。

> ひぐまが泣いています。そこへ親ぐまが来て子ぐまを背負います。次に親ぐまが子ぐまを落としてしまいます。

また、あやとり早作り競争に使われていた「2匹のひぐまと子ぐまたち」のあやとりでは、2匹のくまを作り、次に1匹ずつ子ぐまが生まれます。子ぐまはくりかえし何匹でも作れます。

その他「穴から出るひぐま」「くまが出た！」など、くまの存在は極北圏の人々の大きな関心事だったことを、あやとりを通しても知ることができます。

アラスカ内陸部の人々の、人体をテーマにした数々のあやとりも、世界的にとても珍しいものです。

カナダ極北圏のあやとり❶ 教訓を伝えるあやとり

カナダ極北圏にも、アラスカなどと同じようにたくさんの素晴らしいあやとりが伝えられています。極北圏では、冬には太陽が昇らない「極夜」と呼ばれる季節があります。テレビなどの無かった時代、冬の長い夜の楽しみとして、あやとりは大人から子どもまで皆が夢中になる遊びのひとつでした。おじいさんやおばあさんが孫たちに様々なあやとりを見せながら、狩猟名人のエピソードや、動物たちの動きなどを歌ったり語ったりして聞かせていたのです。

それらのあやとりのお話には、たいてい教訓が含まれていました。たとえば、極北圏にくまのあやとりが多いのは、子どものくまは可愛いけれど、いったん大人に成長したくまは、人の命を奪うこともある恐ろしい動物である、というように、くまの危険さをあやとりを通じて教えていたからです。そうした教訓から、子どもたちは極北の寒さや野生動物の襲撃などから身を守るための様々な知恵を身につけ、たくましく生きていくことを学びました。

極北圏のあやとりは高度なテクニックを要する難易度の高いものが多かったので、あやとりのとり方を覚えることで、集中力や手先の器用さを身につけていったのです。

p. 5に掲載されているお皿の絵には、おばあさんが孫たちへあやとりを見せながら話を聞かせている様子がよく表現されています。このお皿はかつてトロントやバンクーバーで行われた陶器の展覧会に出品され、あやとり文化を伝えた素晴らしい作品です。

自然や動物のあやとり

カナダ極北圏のマッケンジー地方は、渡り鳥や水生生物の重要な繁殖地だったため、「白鳥」(p. 46)のような傑作あやとりが生まれたのでしょう。その他「子鹿」「2匹の子鹿」(p. 48)など、可愛らしい動物のあやとりもあります。

アラスカのバロー岬のあやとり「山間の月」(p. 8)と同じあやとりがカナダ極北圏にもありますが、ここでは「山間の日の出」と呼ばれ、人々が長い間待ち続けた太陽が山の間に姿を現したときの喜びを表現しています。

カナダ極北圏中北部のヌナブト準州のコパーイヌイットには、傑作中の傑作「耳の大きな犬」(p. 56)があります。完成したあやとりの右手のひもを引くと犬が左に歩いたり、走ったりし、何度でも動かして遊べる可愛らしいあやとりが、極北圏のような辺境の地で作られていたことには驚かされます。天才は必ずしも文明が早くから発達した国にだけいるとは限らず、神様はすべての人種を公平に創造されたことを、あやとりを通して実感させられます。

また、北極海に面したペリーベイ村周辺には「ダンスハウスで踊る人々」(p. 22)や「上腕をピクピクする男」(p. 30)など、愉快なあやとりがあります。大人や若者たちは、長い冬の夜の楽しみとして、ダンスハウスと呼ばれる集会所に集まってドラムをたたきながら歌ったり踊ったりして楽しんでいたようです。ペリーベイ地方に住む先住民の若者たちは、今も伝承文化である歌や踊りを大切にしていると伝え聞いています。

あとがき

極北圏のあやとりは、長い冬の夜の楽しみとして、子どもだけでなく、大人たちにも愛されました。じっくりと時間をかけて作られたあやとりは、複雑で込み入ったとり方をするものが多く、よほどあやとりをとりなれていないと完成できないことが多々あります。

本書で紹介した生き物のあやとりも難易度の高いものが多くありました。しかし、幼稚園や小学校低学年の頃から10年以上も私たちのあやとり会に参加してくれていたお子さんたちが、中高校生となって熟練した技を発揮してくれました。佐藤君、高橋君、本当にありがとう！

本書のみならず『オセアニアのあやとり1、2』『南北アメリカのあやとり』で紹介した上級のあやとりも、佐藤君や高橋君らの作品です。あやとり初心者の方々でも、極北の人々や、彼らのように根気強くあやとりを続けていれば、必ずこのような難しいあやとりをとれる日が来るでしょう。多くのみなさんがあやとりの奥深さを知って、楽しんでくださることを願っています。

野口とも

野口とも のぐち・とも

国際あやとり協会会員、数学オリンピック財団元理事、イリノイ大学語学研修、国際あやとり協会創設者野口廣著あやとり本の著作協力をはじめ、動画の監修、テレビ出演や早稲田大学その他の各種あやとりイベントの指導や世話役、国際あやとり協会国内連絡係などを務めている。

著書は、世界の伝承あやとり『オセアニアのあやとり1』『オセアニアのあやとり2』『南北アメリカのあやとり』『アジア・アフリカ・ヨーロッパのあやとり』(共に誠文堂新光社)『決定版かんたんあやとり』『頭がよくなる育脳あやとり』(共に主婦の友社)『いちばんやさしいはじめてのあやとり』(永岡書店)『大人気!! 親子であそべる たのしい!あやとり』(高橋書店)他多数。

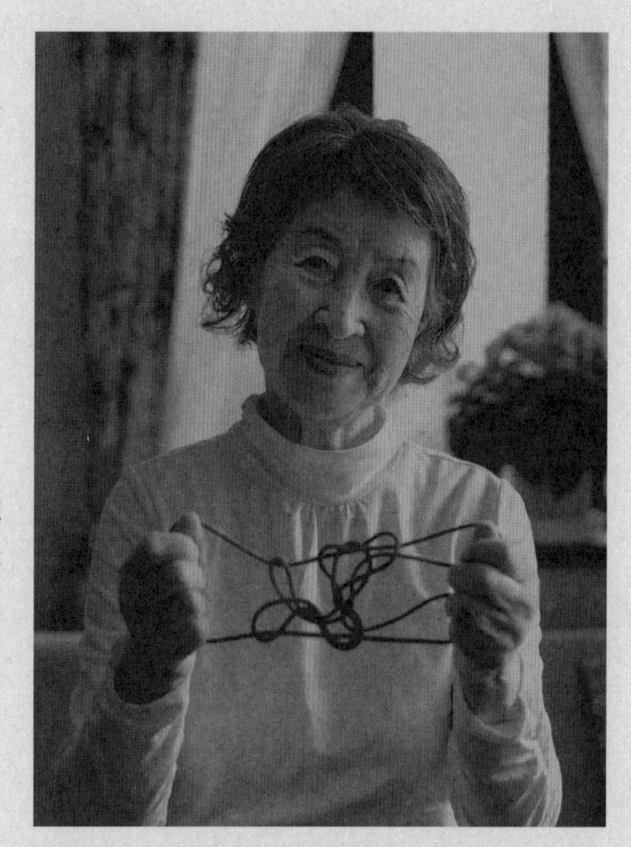

「耳の大きな犬」(p. 56)をとる著者

表紙あやとり
「山間の月」
2章扉あやとり
「柳の中のカリブー」
(モデル：高橋岳大)

協力
ISFA 国際あやとり協会
(International String Figure Association)

著作・撮影協力
杉林武典(ISFA会員)

あやとりをとってくれた人
佐藤直翔、高橋岳大、高橋玲帆

資料提供
シシドユキオ

撮影
佐藤克秋

デザイン
三木俊一＋高見朋子(文京図案室)

イラスト
山口洋佑(第1章)、かわもとまる(第2章)、
あくつじゅんこ(あやとりの基本)

編集
山田桂、西まどか(誠文堂新光社)

世界の伝承あやとり

極北圏のあやとり

極寒の中から生まれた文化遺産

NDC 798

2019年6月15日　発　行

著者
野口とも

発行者
小川雄一

発行所
株式会社誠文堂新光社
〒113-0033 東京都文京区本郷3-3-11
(編集)電話03-5805-7763
(販売)電話03-5800-5780
http://www.seibundo-shinkosha.net/

印刷
株式会社大熊整美堂

製本
和光堂株式会社

ISBN978-4-416-51883-0